エリエス・ブック・コンサルティング代表取締役
「ビジネスブックマラソン」編集長
土井英司

「伝説の社員」になれ!

成功する
5%になる秘密とセオリー

草思社

プロローグ

年収の高い会社と低い会社。

好きなほうに入れるとしたら、あなたはどちらを選びますか？

この質問は、単なるお金の話ではありません。

「あなたはどう生きたいか？」という問いでもあるのです。


「いつか起業したい」

「転職して自分を高く売りたい」

最近、こういった志のある人が、ずいぶん多くなりました。

不安定な世の中で自分の価値を高めようとする姿勢は、すばらしいと思います。

しかし、そんな人が、がんばればがんばるほど、カラまわりしてしまうことがあります。

本書でいう「伝説の社員」から遠ざかってしまうのです。

なぜ僕が生意気にもこんなことを言うのかといえば、まさに二十代の頃の自分がそうだったからです。

僕は現在三十二歳ですが、これまで六回の転職をしています。

就職して一年目、僕がもらった名刺は、たったの一枚でした。

大学を卒業し、いつかは海外でテーマパーク事業を行いたいという壮大《そうだい》な夢をもち、大手ゲーム会社に入社しました。

そんな希望は、あっさりと打ちくだかれることになります。

僕が実際にまわされた仕事場は、なんとゲームセンターでした。

いわゆる「ゲーセン」です。

さらに配属先が東北地方に決まり、社会人になって出身地である東北に逆戻り。

当時の僕が不満分子になるには、十分な材料がそろっていました。

結局、一年で辞め、東京で雑誌のライターをはじめました。華やかな「雑誌づくり」の世界にあこがれていたからです。

ライター時代の月収は手取り十二万円という貧乏きわまりない生活でしたが、生きているという実感がありました。

その後、誘われた編集プロダクションに移るも社風が合わず、半年で挫折《ざせつ》。

気がつけば、たった三年の間に五回もの転職を繰り返していました。


自分はきっとできる人間だ。

今の会社はしょせん、踏み台にすぎない。

自分の実力をわかってくれない職場がダメなんだ。

そんなつもりで転職を重ねているうちに、僕の履歴書はすっかり汚れてしまっていたのです。


あれから九年。

現在、僕は出版コンサルタントとして独立し、出版業界に六千人もの人脈をもっています。多いときには、一日に百人と名刺交換をすることもあります。会社の社長として年収はサラリーマン時代の数倍になりました。

あの頃の僕と、いったい、なにが変わったのでしょうか。

これまで僕のキャリアには、大きな岐路《きろ》が三つあったと思います。

一つ目は最初に就職した会社を、たった一年で辞めたとき。

二つ目はアマゾンのバイヤーとして成功し、ヘッドハンターに声をかけられたとき。

そして三つ目は独立の意志を固めた直後、上司から出世話を切り出されたときです。

最初のケースは、黙っていれば高い給料が維持できたケース。

二つ目、三つ目は、オファーを受ければ年収が増えていたケースです。

しかし僕は、高い給料、年収アップ、出世をすべて棒に振りました。

「年収」に惑《まど》わされる自分と決別したのです。

それは、会社の将来や給料に不安を感じて生きる自分に終止符を打つ、新たな人生のはじまりでした。


もし、僕が目先の給料に惑わされ、最初の職場にとどまっていたら、一生、成功の芽が出ないまま、自分のキャリアを終えたでしょう。

もし、ヘッドハンターの誘いに乗っていたら、社風のあわない会社に移って成果が出ず、ダメ社員の烙印《らくいん》をおされていたでしょう。

そしてもし、出世話に惑わされていたら、独立のタイミングを見誤ったに違いありません。

今、この本を手にとったあなたは、すでに感じているはずです。

「年収アップ」「地位」だけを追い求める人生で、本当に幸せになれるのだろうか？

もっと自分に付加価値をつけなければ、いけないのではないだろうか？

これからの時代は、自分に付加価値をつけた人間しか生き残れません。

自分に付加価値をつけるとは、当然、上司にゴマをすることでもなければ、資格をとることでも外国語を流暢《りゅうちょう》に話すことでもない。

自分に付加価値をつけるためには、人生で何度か、自分をトコトン安く売らなければいけないときがあるのです。

自分をトコトン安く売り、その引きかえに、経験と実験の場を手に入れる。

会社という舞台で「タダの社員」という立場をフルに活用し、「伝説」をつくる――。

そう、「伝説の社員」になるのです。

もしあなたが「伝説の社員」になってしまえば、いつでもその能力を「キャッシュに換える」ことができます。

日産ＣＥＯのカルロス・ゴーン氏も、元マッキンゼーの大前研一氏も、サイバーエージェントの藤田晋氏も、かつてはみな「伝説の社員」でした。

あなたの会社の社長や部長だって、かつては「伝説の社員」だったはずです。

だからこそ出世しているのです。

最初から社長だった人も、最初から成功者だった人も、この世にはいません。


「伝説の社員」となった人間はその後、三つの道をたどります。

社内でトップにのぼりつめる。

よりレベルが高い他社に引きぬかれる。

自分で会社を立ち上げる。

いずれの道にしろ「伝説の社員」は、好きな仕事をやりながら高い年収を得る夢を実現します。

これが「仕事を選べる人間になる」という意味なのです。


現在、僕はビジネス書専門の出版コンサルタントとして、多くの成功者を支援していますが、彼らのほとんどは明日の生活の心配をしていません。

それはお金がありあまっているからではないのです。

社会に求められる人間であり、その能力をいつでもキャッシュに換える自信があるからこそ、明日の心配をしないですむわけです。

大きな成功を手にしたい。
将来の不安から解放されたい。
自分の価値を最大限に高めて生きたい。
そう考えているのなら、あなたも「伝説の社員」を目指しましょう。

ソコソコ出世できればいい、というなら、月並みにがんばればいいでしょう。
しかし「伝説の社員」になるためには、それでは話になりません。求められる成果の二倍、三倍を実現する、非常識なやり方を試してみることです。

では、その非常識なやり方とは、なんなのか。
どうすれば最短で「能力」を磨き、「キャッシュ」に換えることができるのか——。

さっそく第1章からお話ししていきましょう。

「伝説の社員」になれ！ CONTENTS

第2章 付加価値をつければ人生が変わる！

第3章 最強の自分マーケティング

第4章 「伝説の社員」になれ！

装　　丁……川島　進（スタジオ・ギブ）
本文DTP……山中　央
編集協力……青木由美子

第1章

自分の値段は自分でつける！

あなたの「代金」は高いか安いか

「他人の年収が気になってしかたがない……」

あなたは、そんな小さな自分に、イヤ気がさしているかもしれません。

転職サイトのスキル診断をやってみて、年収の高い企業の募集に心が動くこともあるでしょう。

かつての僕もそうでした。今は昔にくらべて転職先も多く、一見、環境が良くなったように思われますが、実際は、ここに悲劇があります。

年収アップだけに焦点をあてて動きまわっていると、気がつけば、根なし草になってしまうのです。

それでも人が年収にこだわってしまうのには理由があります。

百円の雑誌を百円で買うように、あなたは一ヶ月分の給料と自分の時間や能力を交換しているからです。

給料とはつまり、一ヶ月分のあなたの代金。

人生は「限りある時間をどう使うか」で成り立っているのですから、「自分の代金」にこだわるのは、ごく当たり前の心理といえるでしょう。

しかし、だからこそ、あえて安く売ることが逆説の成功法則となるのです。

就職試験や転職の面接とは、売り手であるあなたと買い手である企業の両者が、質や値段をめぐって攻防《こうぼう》を繰り広げるシビアな場面です。

あなたは「この企業は自分を売るに値する場所か？」を見極めるために、あらゆる手段をつくすでしょう。企業は企業で、「この人は毎月給料を払うに値する仕事をするだろうか」と値踏みしています。

売る側はできるだけ高く自分を売ろうとし、企業は買う側として、できるだけ優秀な人材を安く買おうとしています。

そんなビジネスの場で、「この人はお買いドクだな」と思われれば、買い手は殺到、難なく採用されるわけです。あなたはこの原理を使って、転職あるいは将来起業した時に、もっとも付加価値の高くなる企業を選べばいいのです。

「そうは言っても、入社することより肝心なのは、働きはじめてからじゃないか。安い給料でコキ使われてはソンだし、結局やる気もなくなる……」

こんな反論が聞こえてきそうですが、もう少しくわしく説明しましょう。

あなたが「つまらない仕事」でコキ使われてしまうのは、じつはあなたが自分を「高く売っている」からなのです。

経営者の立場で考えればわかりますが、あなたの値段が高ければ高いほど、会社はモトを取るために、あなたを「できる仕事」の範囲でコキ使おうとします。新卒の場合、「できる仕事」はほとんど何もありませんから、初任給が二十万円でも高い。だから二十万円のモトを取るために、誰でもできる「つまらない仕事」をしこたまやらされるのです。

そして、人間の能力とは不思議なもので、九五％しか使わないでいると、それが自分の最大能力になってしまうのです。

その次も九五％しか力を発揮しないとすると、九五％の九五％、おおよそ九〇％の能力しか発揮できません。

このようにして、あなたの能力はどんどん低くなり、気がついたときには手遅れという事態になってしまうのです。

では、半額の十万円で自分を売った場合を見てみましょう。

企業は十万円より価値がある働きをするあなたに一目置きます。

多少の失敗をしても大目に見てくれるので、あなたはさまざまな実験をするなど、チャレンジできます。ここから、将来のウリとなる経験や成果が生まれてくるのです。

僕自身、もっとも給料の安かったのはライター時代で、手取りは十二万円でした。そのうえ睡眠時間は毎日四時間未満。忙しくて、ひどいときは二週間、会社に泊まりこんだこともあります。それでも満足だったのは、多くの優秀な人に会い、話すことで刺激を受け、学び、自分がどんどん成長していると実感できたからです。

「土井は転職に失敗したな」

それなりの年収が保証されたゲーム会社を辞め、安い給料で睡眠時間を削ってまで働く姿を見て、まわりからはこんな声も聞こえてきましたが、僕自身は毎日が充実していました。給料をもらいながら勉強させてもらい、自分の付加価値が上がっていると思っていました。

当時、身につけたものは、たしかに現在に生かされているのです。

今思うと、あれは僕の修業時代でした。

ここぞという場所では、自分は安く売る。

そのほうがあとで、何倍ものリターンがある。

この原理を見出せたのは、ライター時代の経験があまりに鮮烈《せんれつ》だからです。

仮に、早くから実際の価値より高く自分を売っていたら、付加価値をつける前につまらない仕事に忙殺《ぼうさつ》され、やがては消耗品として捨てられていたかもしれません。

自分の価値が上がれば、給料、金銭はあとからついてきます。

経営者の立場から言わせてもらえば、価値を生み出せる「できる」社員は、いくら金を積んでも手放したくない存在です。

他社もそんな社員を虎視眈々《こしたんたん》と狙うようになりますから、あなたが「買ってよかった」と思われている限り、いずれ給料は上がり、出世の道も開けるでしょう。

給料という「今、一瞬の代金」が安くてもいいという人ほど、その場所で学ぼうとしている強者《つわもの》です。将来が期待できる人なのです。

この原理は、新卒でも、転職や起業を考えている人でも同じです。

そして、今、給料に不満を感じている人でも、です。

自分は会社に認められていない、不当に安くコキ使われていると思っている人。

大事なのは、その仕事を通じて付加価値を高めることができるかどうかなのです。

この原理に気づいた人と気づかなかった人とでは、この先、まったく違う人生を送ることになります。

若かろうと平社員だろうと「経営者アタマ」で仕事する

小さいながらも経営者の家庭に育ったこと。

六回の転職経験。

今や一万冊を突破した、ビジネス書を読むという趣味。

この三つの要素が重なりあって、僕はかなり若い頃から無意識のうちに、「いつかは自分も経営者になる、なりたい」と考えるようになりました。

社員として働きながらも、つねに自分を経営者の立場におき、会社のしくみや自分や他人の働き方を見ていたのです。

いわば「経営者アタマ」で思考するクセがついたというわけです。

すると明確になったことがありました。

会社にとって、現在の自分がどのくらいの価値があるのかが、リアルにわかるよう

になったのです。

どんな人も、面接や試験を経て入社したとはいえ、現場で使いものになるのかどうかは、働きはじめてしばらくしないとわかりません。

それでも会社側は新人に仕事のやり方を教え、ルールを教え、将来大きな利益をもたらしてもらうために、あらゆるノウハウをたたき込みます。

大手企業が新入社員につぎ込む投資は、何百万円にもなるといいます。「経営者アタマ」で考えれば、先行投資です。当然、いつかは回収するつもりの金です。

しかし「社員アタマ」でだけ考えると、こんな単純なこともわかりません。

「給料は二十万円なんだから、二十万円分の働きをすればいい」と思ってしまいます。それ以上働いたり、難題やプレッシャーに直面すると、「こんなシンドイ仕事に比べて給料が安い」と感じたり、「自分はソンをしている!」などと思ったりしがちです。

しかし、ここが落とし穴なのです。

では本当に「ソンをしている」のかどうか、わかりやすい例で検証してみましょう。

時給七百円でハンバーガー店のアルバイトをしているとします。「七百円分のハンバーガーを売れば、給料分の仕事をした」と思う人は、いないでしょう。一時間七百円で働くこととハンバーガーを七百円分売るということは、同じ七百円でも、意味、価値がまるで違います。

会社にとって七百円分のハンバーガーは売り上げですが、一時間に払う七百円は人件費。アルバイターが七百円分の働きしかしないのでは、会社は潰れてしまいます。最低限の利益を出すには、人件費は売り上げのおよそ三割程度に抑えるのが大雑把《おおざっぱ》な経営の原則です。

つまり、現在もらっている給料の三倍くらい売り上げることで、あなたはようやくその給料に見合う働きをしていることになります。給料が二十万円の場合、六十万円の売り上げをあげて当たり前。

年収三百万円として、一千万円は自分で稼ぎ出さないと社員としては失格なのです。

そのうえ会社は莫大な資本を投入し、機材などの設備を整えています。

パイロットやカメラマンは、会社に所属しているだけで設備費を会社に依存しているのです。それを自分で購入したとしたら、とてつもない出費です。

さあ、どうでしょう？

あなたは「自分の代金＝給料」に見合う働きをしているでしょうか？

おそらく、多くの人はそうではありません。

もし、今のあなたが「給料に見合う働きをしていない」のなら、給料をもらいながら、自分の価値を高めるために勉強することです。

その勉強は、会社のためでも、自分のためでもあります。

将来の自分のため、たとえば起業する、漫画家やデザイナーとして独立するのでもいいし、いつかは会社に利益をもたらすという目標をもつのでもいいでしょう。

出世しなくてもいいとの覚悟があるなら、よけいに、こわいものはありません。

もっと積極的に「出世はしない」、では「何をするのか、したいのか」を考えてみてもいいのではないでしょうか。

最終的に自分の価値が上がり、給料以上の働きをするようになっても、すぐに転職したり、起業したほうがいいとは限りません。

先ほどのパイロットやカメラマンの例もそうですが、会社のメリットによって自分の価値が上がっているケースもあるからです。

僕の大好きな本に、ミルトン・メイヤロフ氏の『ケアの本質』（ゆみる出版）があります。

もともとは教育、医療などの現場を対象に書かれた「人をケアする人間の心構え」

ですが、その教えは仕事でも使えます。ここで引用させていただきましょう。

「音楽家は音楽を演奏してはじめて音楽家たりうるように、私と補充関係にある対象は、私の不足を補ってくれ、私が完全になることを可能にしてくれる」

「私と補充関係にある対象が成長して、私を深く包み、私の生を実りあるものにとのえてくれるように、その対象の成長を援助する過程の中で、私自身も変容を遂げるのである」

つまり、今のあなたにとって必要なのは、出世したり、高い給料を追い求めることではないのです。一生を通じて自分がケアし、それによって自分も成長できる、そんな対象を見つけることなのです。

あなたが若くても、平社員でも、目先のことにとらわれそうになったら、ちょっと大きな視点で仕事を見つめてください。働き方、そして生き方が、きっと変わります。

年収は「給料＋授業料」として考える

「自分は優秀だ」と自負している人。

やる気があって志が高い人。

身近なライバルが、気になってたまらない人。

こんなタイプの人は、給料が高い企業にこだわるケースが多いようです。年収アップすなわちキャリアアップという考え方です。

しかし、金を求めて生き方を決めると、残念ながらせっかくの自分の価値はどんどん落ちていきます。なぜなら、アウトプットするのに精一杯で、能力の蓄積をする余裕がないからです。

年収が高い仕事には、高いなりの理由が必ずあります。

高収入になる転職話が舞い込んだら、あなたの今の能力がソク「売り」になる、だから高収入で迎え入れられるということです。

しかしその能力は、本当に自分の能力なのでしょうか？

たとえば、これまで金融機関A社にいた人がB社に転職し、年収が二百万円上がったとします。それは、その人がA社で得た能力、教育の成果を、B社が二百万円で買ったということです。

この額は、個人の能力というより、A社の教育に対する代価です。

外資系の会社では給料が上がったら、それだけクビになる確率が増えるといわれています。増えた額に見合うだけの働きをしない限り、会社にとってはメリットがないからです。外資系の会社は合理的ですから、年収と働きがほぼイコール、あるいはそれ以上になることを要求されます。

外資系でも日本企業でも、本物の成功を手にしたければ、まずは今いる会社で自分の価値を高めたほうが、将来的にはトクなのです。

「会社にいながら自分の価値を高める」などというと、仕事が終わったあと技術を身につけるために専門学校に行く、あるいは通信教育を受けるといったことを考えがちです。

しかし今、就いている仕事があなたの望んだ職業なら、仕事の内容そのものを授業として考えることができます。

給料が安くても、それは授業料を払っているから、というわけです。

僕自身、毎日十五時間働いて、十二万円程度しか給料をもらっていない時期がありましたが、仕事そのものを授業と考えていたので、給料の安いことはまったく苦になりませんでした。

十二万円は、本来の収入から授業料を支払った手取りと考えたのです。

すると、「授業料を払っているのだから、もっと学ばねばソンだ」という気持ちになり、仕事そのものに意欲がわいてくるから不思議です。

事実、僕は当時、下請けのライターとして、締め切り前はいつも徹夜。早朝、タクシーに乗って編集部に原稿を届けるのがつねでしたが、入稿し、仕事を終えたあとでも編集者の仕事を手伝って写真の選び方やデザインの基礎を学びました。後になって、その知識が役立ったのは言うまでもありません。

職人の世界では、仕事そのものを修業としてとらえています。

料理人やパン職人など技術が必要な職業では、「自分はまだ修業中の身だから、給料はいくらでも、もらえるだけでありがたい」という人は大勢います。

スタイリストやデザイナーなどでも、独立するまでは非常に安い給料もしくは無給、徹夜は当たり前という人は結構います。

働きながら一流の技術を身につけ、いつかは独立できるよう、経営や顧客サービスといったことも学んでいくのです。

この職人のルールは、すべてのビジネスの世界に応用できます。

営業なら人への接し方を学ぶ、販売業では客への対応と、なぜこの商品は売れてこれは売れないのかを学ぶ。接客業ならマナーや心配りを学ぶのです。お茶をいれるといった雑務も、そこから学んでいるのだと思ったとたん、世界は一変します。

企業のなかでお茶くみは雑用に分類されますが、訪れたお客さまにお茶を出すとは、相手にダイレクトに接することができるということ。

どんなかたちであろうと、社会的にも高い地位にいる人とじかに接することには有形無形の恩恵があるでしょう。茶碗の置き方から人への接し方を研究してみるなど、学ぶことはたくさんあります。

また、「何を目指しているのか、とりあえずの目標が見つからない……」という人なら、一緒に働くほかの人の仕事ぶりを見ているうちに刺激を受け、影響され、自分の道が見えてくることもあります。

給料が安いということは、職場ではまだ第一線ではないはずです。責任の度合いも低い。第一線で働く人たちからは少し距離を置いて、外部の目で彼らを眺めることができる特権的な立場にいるわけです。

だからこそ、いつかあなたが第一線に立つことを想定しつつ、彼らを、また将来の自分を客観的な目で見つつ、「ここはこうすればいいのに」とか「僕ならこうする」といったアイデアを蓄積できるのです。

技術はその気になれば、いつでも学べます。

けれど複雑な人間関係やトラブルの処理といったことは、専門学校や通信教育では絶対に学ぶことができません。

すべての職場は、授業料を払ってでも行きたい、興味深い人間の悲喜劇に満ちている場所なのです。

現在のあなたは、誰からも認められていないかもしれません。

満足できる給料をもらっていないかもしれません。

しかし満足できるだけの給料をもらっていないのを「利用」して、できることは無限にあります。

どんなことでも九年続ければ成功する

今をときめく職業についていたり成功して華やかな脚光を浴びている人を見ると、「あの人は運が良かっただけ、要領がいい、親の七光りだ」と、本人の努力以外に成功の原因を求めがちです。

そうやって自分の不運をなげくのは簡単です。

けれど今、脚光を浴びている人にも、花を咲かせるまでには必ず、根づかせるための年月がありました。土中の深くまでしっかりと根づかせてはじめて、人の目を惹《ひ》く花を咲かせることができるのです。

その年月を、僕は九年と踏んでいます。

逆にいえば、どんなことでも九年続ければ成功できるのです。

なんとなく出てきた数字ではありません。

これまで、ビジネス書を一万冊以上読んできたすえに発見した、成功するビジネスマンにほぼ共通するマジックナンバーなのです。

ホリエモンこと堀江貴文氏は不祥事が明るみに出るとまたたく間に引きずり下ろされてしまいましたが、球団買収で脚光を浴びているときの彼のイメージは「短期に成功したIT起業家」というものでした。

けれど現実の彼は大学時代からパソコンをいじり、精通し、起業しました。成功して派手な生活をマスコミが喧伝《けんでん》するまでには、十年以上の月日をかけています。

僕が勤めていたアマゾン ジャパンの親会社も、一九九五年の創業から黒字化まで八年。ビジネスとしての成功が確実視され、メディアに前向きな評価をされるようになるまでには、やはり九年ぐらいかかりました。

「時間と引きかえに、はじめて成功を手にできる」というのは真実なのです。

ギリシャに留学したとき、現地の人は僕の持っていた、当時は最新のウォークマンを見て、「すごいな、それ」とうらやましがりました。しかし耳から外して見せてあげると口々に言うのです。

「俺たちには絶対に無理だね。こんなものはつくれない。俺たちは日本人ほど勤勉じゃないから」

彼らは、自分たちの今の生活で十分満足している。歩きながら、自分一人で音楽を聴くための道具をつくろうとは思わない。

それだけのものをつくり出すためには、金や時間のほかに情熱が必要です。彼らにとって大切な、たとえば昼寝の時間やぼんやりする時間を捨てなければなりません。

成功するためには、その代償として何を捨てなければならないのか？
それも考慮する必要があります。

徒手空拳《としゅくうけん》で人生に立ち向かう人の強みはそこです。

つまり「失うものが何もない」強さです。そういった人は、「捨てるべきか捨てざるべきか」と悩む前に行動しています。

打ち込める対象を早く見つけた人は、それだけでラッキーな人生を送れます。漫画、パソコン、機械、車、音楽――なんでもいい。「とにかく打ち込む九年間」というのは、あっという間に過ぎていくはずなのです。

これまでの人生の中で、僕は一度だけ、後悔したことがあります。

ゲーム会社のセガに新卒で入ったものの、すべてがうまくまわらなかった頃でした。あれこれ悩み、悔やんでいた僕は、「スタートでつまずいてしまった、失敗した」と姉につい、グチってしまいました。

当時、姉は三十三歳。二回目の結婚に失敗して、夫がつくった借金五百万円を返すため、毎晩遅くまで働いていました。そのうえ歯科衛生士の資格を取るために、寝る間も惜《お》しんで学校に通っていたのです。

クラスでは最年長。子どもを預けてまでがんばっていた彼女は、僕のグチをじっと聞いたあと言いました。

「私が歯科衛生士の資格を取って就職したら、四十歳でしょ。それからだって最低でも二十年は働ける。人生、長いんだよ」

僕をはげましたり叱ったりするかわりに、姉は自分の決意を述べたのです。

「まだ二十代で何を言っているのよ！」

口にこそ出さないけれど、姉の言葉に頬を打たれたような気がしました。

一回や二回、就職に失敗したからといって、これからの人生を、ずっと悔やんですごしたくない。今からでも遅くないぞ……。

姉の姿を見て、あせらず、じっくりやろうと腹が据《す》わりました。

三十歳までは、自分を小さくまとめることをしないで、自分には何ができるのか、自分にはどんな才能があるのかをトコトン探そうと決めたのです。

僕には音楽や絵画といった方面の才能はありません。

営業が得意なわけでもない、サービス精神が非常に旺盛《おうせい》というわけでもない。ちょっとアクが強いものの、いわゆる普通の新卒にすぎませんでした。

その僕でさえ、自分を生かせる仕事は見つかったのです。ビジネス書というニッチな分野ではありますが、『ケアの本質』がいうところの自分と補充関係にある対象を見つけ、世間にもそれなりに認められるようになりました。

九年という歳月がかかりましたが、小さなことでも九年も続けてきたからこそ、ビジネスになり得たのです。

「マンションを買った」

「課長になった」

「ストックオプションで何億円も儲けた」

友人や知りあいのこんな話を聞いても動揺することなく、自分だけの道を探し、歩みつづけましょう。

彼らだって、必ずや九年前から、それぞれが何かを捨てて精進してきたのですから。

「社内転職」は、やりたいことをやる近道

もし転職するとしたら、希望する業界で自分はどのくらい評価してもらえるのだろうか？　年収はどのくらいになるのか？

実際に移る、移らないはべつとして、アウトラインだけでもあらかじめ知っておいたほうが、覚悟もできるし後悔せずにすみます。

その業界の人に会って情報を仕入れるのが手っ取り早い方法ですが、知りあいがいないとき、あるいはより客観的な情報を入手したいときには、人材派遣業のキャリアコンサルタントに直接会ってみるといいでしょう。

一発当てたことがある、キャリアに遜色《そんしょく》がないなど、転職にふさわしいと判断されれば、彼らは猛烈にアプローチしてきます。業界の内部事情もくわしく教えてくれるでしょう。

しかし、彼らの言葉は人を移して年収の約三分の一をもらういわゆる「仲人口《なこうどぐち》」ですから、転職先のいいところを強調しすぎるかもしれません。

より冷静に自らの価値、値段を知るには、ネットで履歴書を登録しておくという方法もあります。

リクナビ（リクルートナビ）やインテリジェンス、エンジャパンなどの転職サイトを利用して、行きたい業種に自分の情報を載せ、転職できるところがあるのか、あったとしたら年収はいくらくらいかを知っておく、これは試す価値アリです。

履歴書を査定してもらうと、シビアな結果が出ることが多いものです。結果を見て、転職をやめた人も結構いるでしょう。

しかし「転職もムリだし、やりたいことなんてできないんだな」とあきらめたり、くさる必要はまったくありません。

客観的な自分の評価がわかったら、社内で自分を売り込む方向に発想を転換してください。

「社内転職」というのは、危ない橋を渡ることなく自分がやりたいことをやる、いちばんの近道なのです。

知りあいに大手ハンバーガー店チェーンで働いている女性がいました。

大学では食品工学を専攻し、食物に関することなら理論から実践まで、幅広い知識を身につけたのです。彼女がM社に入社したのはもちろん、商品開発をやりたかったからですが、まわされたセクションは不幸にも、店での接客でした。

僕が出会った頃の彼女は、「転職しようかしら」と悩んでいました。

そこでためしに履歴書を書き、転職希望として前述のネットに登録してみることをすすめたのです。

するとどうでしょう。そのジャンルでは高評価である大学を卒業していても、日々の接客態度がどんなによくても、客観的には店員としてのキャリアしか、彼女にはなかったのです。「望む転職など不可能」というむごい診断結果が出てきました。

「希望がなくなった。未来が閉ざされた」

がっかりもし、自信もなくした彼女に、僕は言いました。

「あなたを知らない人には、あなたの真価はわからない。でも社内のあなたを知っている人なら、評価してくれる可能性はあるんじゃないの。だから社内で、もっと積極的に手を挙げてみれば？　ダメもとじゃないか」

社員として採用されたからには、能力は見込まれているはずです。社内の事情により、今は接客担当として現場を見ておけということかもしれません。企業にとって有能な人材を有効に使わないのは損失なのですから。

会社の思惑はわかりませんが、それはそれで、自ら積極的にやりたいことを訴え続ければいいのです。

外部では売れない自分でも、中で売れる可能性はある。

現在の境遇が恵まれていないからといって、「こんな僕を、こんな場所で働かせるなんて見る目がない。こんな会社、辞めてやる！」とタンカを切る前に、社員という有利な立場でがんばってみる。

そんな粘りも成功する人生には必要です。

その後、彼女は念願かなって商品開発の部署に移ることができました。

ようやく希望する場所に配属になっただけあり、移ってすぐに才能を開花させ、大ヒット商品を生み出すことができたのです。

転職は、今いる会社で実績を積み、「伝説」をつくってからでも遅くはありません。

いや、実績を積んだときはじめて、転職するもしないも自由な身になれるのです。

「好きなことを仕事にする」という大ウソ

「仕事を選ぶときは、自分が好きなことを仕事にするといい」

こんなアドバイス本が話題になったことがあります。

好きなことなので面白い、時間のロスがない、集中できるなど、一見すると非常にもっともらしく聞こえます。

でも、ちょっと考えてほしいのです。

たとえば、食べることが嫌いな人はあまりいません。車が好きな人も多いでしょうし、ゲームが好きで一日中やっている人もいます。

それらは趣味であって、好きなことを仕事にすることと趣味を仕事にすることは違うとの反論が聞こえてきそうです。漫画が好きだから漫画家に、小説が好きだから小説家に、動物が好きだから動物関係の仕事というように「好きな仕事」に就いても問題ないと思うかもしれません。

しかし「好き」というとき、対象物のどの部分が好きなのか、冷静に考えている人

は、少ないのではないでしょうか。

まずは自分が好きなことの中身をよく検討してください。

旅行が好きだからツアーガイドになりたいという人、グルメだからレストランの企画をやりたいという人、ファッションに興味があるからその分野の仕事をしたいという人。

あなたは旅行やおしゃれや食べ物を提供するのが好きなのか、されるのが好きなのかを、もう一度よく考えてみてください。

僕自身、最初の就職先としてセガを選択した理由は、ゲームが好きだったからでした。しかし僕が好きなゲームはマイナーなものが多かったようです。自分が遊んでいるときは消費者ですから、それでよかったのですが、逆の立場、売る側になったらそうはいきません。

メジャーな、誰もが楽しめるものの良さがわかることが第一条件になります。より多くの人に楽しんでもらうゲームに精通してこそ、多くの客を集められるのは当然の話です。

自分の好きなゲームには市場性がない……。これに気づいたのは、セガに入社し、自分よりゲームが好きで、ゲームに関してなんでも知っている、「すごい、この人には敵《かな》わないな」という人と一緒に仕事をしたからでした。

この人たちに出会ってはじめて、僕は自分のゲーム好きがシロウトの域を出ないことを悟ったのです。


僕と同じくゲームセンターに配属された同期に、M君という店長がいました。両替機の金を出し入れしているだけの僕にくらべ、彼は大阪にある自分の店の売り上げをなんと三〇〇%に伸ばしてしまいました。画期的な販促キャンペーンを大々的に打つ、積極的なチラシ攻勢、一介《いっかい》の社員にもかかわらず「自分がこのゲームセンターを経営している」という勢いの取り組み方でした。

もう一人、別の同期は、UFOキャッチャーの売り上げを六〇%アップさせました。彼が僕の店に遊びに来たとき、こう言われた記憶があります。

「土井君、シューティングゲームはボタンを連打して遊ぶんだから、ボタンが快適じゃないと、お客さんは逃げてしまうよ」

派手なイベントや店内POPという〝外側〟ばかり意識していた僕にはガツンときました。そう、僕はこの商売のツボが、さっぱりわかっていなかったのです。

　二人の仕事を目の当たりにして僕は、自分がどんなにゲームが好きでも、この分野に関しては「鼻がきかない」と判断できました。

「鼻がきく」とは、その分野に関して人並み以上のアンテナが立っているということです。

　ほかの人が気づかないことをいち早く見つけることができる。

　気づいて改善できる。

　もっというなら、自分がその商品サービスを渇望《かつぼう》していることが大切です。

　話が飛躍しますが、官能小説家になるためには性体験が多いほどいいと思われがちですが、的確な表現と場数は関係ないそうです。官能小説家になるための本でそれを知ったときには、目からウロコでした。

　なぜ性体験の数は関係ないのかといえば、第一にそのたぐいの本は、性体験のまったくない人や少ない人を対象にしています。彼らがどう女性の身体を「想像」しているのか、何にロマンを抱いているのかがわかってこそ、彼らが熱くなれる描写ができるのです。そこに描かれているのは、現実の女性ではありません。彼らの「妄想」、それが言いすぎなら、「夢」の女性です。

ユーザーが、どのようにして夢を膨《ふく》らませるのかわかっている、鼻がきく分野で勝負する――それが成功へのスタートです。

そのためには、まず投資をしなければなりません。

ある有名雑誌の編集長は、ファッションに関してすごい「投資」をしています。クレジットカードの限度額まで使って、プラダやルイ・ヴィトンのバッグ、ナイキのスニーカーなどをトレンドになる前に購入している。スニーカーにいたっては三十足くらい持っている。自分で使うというより、「どんなものか知るため」に買っているのです。

彼は、それらのブランド品がブームになると売ってしまいます。ちなみに売るときには、レアものとしてプレミアムがついているから、かなり高く売れるようです。

仕事を選択するとき、この分野で次に何が起きるかを読めるか、言えるか。「今、この分野が人気だ」という理由で選んでいないかを熟考してください。

トレンドを追いかけるだけの人には、次のトレンドをつくることは絶対にできないのです。

09

絶対に勝てない一流の人にふれて自分を知る

僕の人生のほとんどは、人の話を聞くことに費やされてきました。

芸能人、ミュージシャン、経営者など、著名人のインタビューを九年間続けたことで、一流の人に接する機会に恵まれたのです。

そこには、収入などどうでもよくなるほど、大きな学びがありました。

一流の人と出会い、つきあうことの利点は、情報をもらえる、何かトクがあるということではありません。

「この人には絶対に敵わない」と実感できることです。

一流の人は誰にも真似できない、強烈なキャラクターをもっています。

彼らは能力だけではなく、キャラクターも際立っていて、その地点に立つまでの努力もモチベーションもハンパではありません。

プライベートは言うにおよばず、睡眠時間さえ削って働いている。平凡な人間がその場しのぎの付け焼き刃で太刀打《たちう》ちできるわけはありません。

彼らの近くで顔を見て、じかに肉声を聞けるいちばんの利点は、彼らにはとても敵わないなと腹の底からつくづく思い知らされたことでした。

自分の値段=価値を知るには、自分の適性を知らなくてはいけません。そのためには、その分野の一流の人に、できるだけふれることです。

一流の人とは、すでに名を成している人だけではありません。

先に挙げたセガの同期や有名雑誌の編集長は、一般的には名を知られてはいませんが、その分野では一流の人です。

一流の人にふれた経験を、「彼らに勝てるとしたら、自分のどの部分だろう?」と考えるきっかけにするのです。

僕は一流の人に数多く会っていますから、絶対に彼らの真似をしようとは思いません。真似すらできないものを、彼らはもっているのです。

ジャンルを変えさえしたら、その一流の人たちに勝てるかもしれません。けれど残念なことに、変えた分野にはまた一流の人がいる。そこで、この分野でも自分は敵わない、ではどうしたらいいかと考えてみる……。

そんなふうに「可能性をせばめて」いくと、最後は「土井英司にしかできないことはなんだろう」と考えるしかなくなります。

お金もプライベートの時間も忘れて没頭できること。

やらずにはいられないほど情熱があふれてきて継続できること。

なぜか自然にできてしまって、他者からほめられたり感謝されたりすること。

自分にしかできないことを探し、磨くことで、オンリーワンになる道を探すことができます。

「若いうちは可能性がある、だからなんでもできる！」

これは人をはげます際、よく耳にするセリフです。ポジティブな言葉ではありますが、あれもできるかもしれない、これもできるかもしれないと、いたずらに手を広げて、結局なにひとつモノにできないままでいる人は多いのです。

社会に出たら、自分ができることの可能性を、どんどん、せばめていってください。せばめていくことで、自分のできることに特化していきましょう。

一流の人にふれることのもうひとつの利点は、素直に負けを認められる、ということです。

中途半端に優秀な相手には、「こいつに負けてたまるか」と、不必要な競争心を抱いてしまいがちです。やっかみも手伝って、自分を慰めたり、逆に間違った方向に鼓舞《こぶ》してしまう。

特に優等生として育った人や負けず嫌いな人は、ある人に負けたくないというだけでがんばってしまい、しかしそれが自分にとっては、ふさわしくない分野でのがんばりや競争だというケースが往々にしてあります。

ネットオークションにハマってしまい、気がついたら必要もないものを高額で買うはめに……、そんな経験はありませんか？

最初から高額な一流品に対しては、この金額でこれを購入するだけの資金はあるのか、自分にとって価値はあるのかと冷静に判断し、自分の手の及ぶところではないと知れば、早々に手を引くことができます。

今、輝いているカリスマたちも、無名だった頃には、強烈な個性ゆえにほかの人に同化できず悩み、自分だけの可能性を模索したはずです。

一流の人物にふれるということは、自分を知り、その分野で何ができるかを知ることでもあるのです。

ストレスとは、自分を高めるための道具

セガにいた頃、僕は懸命にゲーム機をきれいにしたり、両替機にコインを補充したりしていました。レイアウトをいじったり、派手なＰＯＰを書いたりということも、ずいぶんやりました。

一生懸命やっているのに、まるで成果が出ない。

ゲームセンターがもつ存在意義とはまったく違う場所でがんばっているのですから、当然の話。しかし入社したての身には、そのことがわかりません。

「精一杯、努力しているのに、どうして数字が伸びないんだろう？」

もやもやとストレスを感じるばかりでした。

そこで僕は、成果が上がらない原因を冷静に分析してみました。

ストレスをステップアップの踏み台にできるのではないかと、逆の発想をしてみたのです。

ストレスという負荷を、自分を強めるための道具にしようと考えたわけです。

身体や心にストレスがかかると、身体はアドレナリンという物質を分泌します。アドレナリンとは、人が危険や興奮を感じたときに出る物質で、ジェットコースターに乗ったときや、映画を見て興奮したときでも分泌されます。

だから僕は、「それなら今のストレスも、遊びで感じる恐怖や興奮と同じであり、戦闘態勢に入るために必要なものだ」と考えたのでした。


ストレスを、苦痛ではなくステップアップの踏み台に変えるには、条件があります。できないことを自分以外のせいにしないことです。


失敗したり、成果が期待以上ではなかったりすると、人はその原因を自分以外に求めます。〝誰かのせい〟にしてしまうのです。

タイミングが悪かった、組んだ相手が悪かった、環境が悪い、上司に見る目がない、と次々と失敗の要因を、自分を除外して探していきます。そんなふうにストレスから逃れようとするわけですが、それではいつまでたっても何も変わりません。

失敗したのはほかの誰でもない、自分自身だと認める。

自分のどこが悪かったのかを冷静、かつ謙虚に検討してみる。

できないことの原因がわかれば、そこを改善すればいいのですから、次からは、少なくとも自分自身に関しての失敗はなくなります。

世の中には、自分がコントロールできることと、できないことがあります。

たとえば人の心に関することはコントロールできません。

失恋したとき、こうすれば彼・彼女の気持ちは取り戻せるのではないかとジタバタしても、たいていムダな努力に終わります。

でも、自分自身を磨いて魅力的にすることはできます。

モテる人の多くは、ストイックに自分を磨いているからこそモテるのです。

しかし、人の心以外のほとんどのことは、コントロール可能です。

不可能だと思っている場合は、それに関する知識が不足していることが多いのです。

たとえば食べ物に毒物が混入した事件が起きたとき、毒物が自然に食べ物のなかに入ることはあり得ません。誰かが間違えて入れてしまった。ではなぜ間違えたのか。

やはり誰かが、食べ物のそばに毒物を置いてしまったからです。

食べ物のそばには毒物は置かない。

この当然といえば当然の鉄則がわかれば、間違いなど起きようがありません。

これは極端な例ですが、多くの出来事は、つきつめていくと自分でもコントロールできることがわかってくるはずです。

同期入社の仲間はどんどん店の売り上げを伸ばしていくのに、自分はまったく役に立たない。海外のテーマパークで働くどころか、基礎的な部分でさえ、とても彼らに敵わない。

シビアな現実を認めることは、なんの実績もない新卒の身にはつらかった。でも、認めたからこそ、今の僕があります。

ストレスを感じたときの分析結果が、「今は負けているが、将来は勝つ見込みがある」という判断だったら、なんとしてでも会社に踏みとどまり、働き続けたでしょう。でも冷静に考えて自分には向かないとわかったら、見切りをつけていいのです。

素直に負けを認めたとき、僕は次のジャンルに移ることができました。

失敗という経験も、原因さえわかれば、いつかは勝利に転換できる。

この成功法則を知ったのはもちろん、いろいろな経験を積んでから、ずっとあとのことでした。

「教育ATM機」に金をため込め!

僕の祖父が死んだとき、残っていたのは一冊の預金通帳だけでした。

わが家は祖父の代に販売した「五分でわく風呂釜」が飛ぶように売れ、財を成しました。風呂をわかすのに三十分はかかった時代に五分でわく風呂釜ですから、売れて当然です。

「じいちゃん、どのくらい残したんだろう」

好奇心でのぞいた通帳に記されていたのは、二九四という数字でした。

二百九十四万円でも、二千九百四十万円でもなく二百九十四円。

僕の出身は秋田でもかなり奥のほうですから、家屋は残しましたが換金価値はないに等しいのです。

二百九十四円という数字を見ても、僕は意外に思いませんでした。

逆に、さもありなんと妙に納得しました。

というのも祖父は、風呂釜で儲けた金を、毎日のように人にごちそうを振るまうことに使っていたのです。

幼い頃から、なぜわが家にはこうも人の出入りが多いんだろうと不思議には思っていましたが、その謎がようやく解けた気がしました。

「じいちゃん、かっこいいよな」

小学生だった僕は、祖父の金の残し方を非常に潔いと感じたのです。

遺産争いで親子や親族がもめることは、なぜか当時から知っていて、トラブルを避けるためにも二百九十四円の残高はかっこいいと思いました。

祖父は、お金は残さなかったけれど、ごちそうをしたり面倒をみたりした人たちの「人脈」を残してくれました。

お金を残して死ぬのは一見かっこよさそうですが、実は生きている間に有効に使えなかった証拠でもあります。人生とは金と時間で成り立っているのですから、自分への投資、人への投資、寄附など、使い道はいくらでもあります。

子孫に残すなら、キングスレイ・ウォード氏の名著『ビジネスマンの父より息子への30通の手紙』（新潮社）にあるように、生きるための知恵を残すといい。

あるいは、野口悠紀雄氏の『「超」納税法』（新潮社）にあるように、教育で残すのも賢明な方法です。

株は価値が上がって儲かると税金がかかりますが、増えた知恵には、相続税がかかりません。親にとって、子どもへの教育はローリスク、ハイリターンの割のいい投資です。それは、自分自身への教育であってもいいのです。

お金はためるより、自分の価値を高めるために使ったほうが、あとで何倍にもなって戻ってくるのではるかにトクです。

僕は、それを「教育ＡＴＭ機説」と名づけています。

学んだ内容や知恵は、困ったとき、必要になったとき、いつでも引き出すことができるからです。

知恵や教育は、どんなに残しても、遺産と違って税金もかからないし、目減りもしません。

たとえば、一度おいしいレストランを教えてもらったら、そのレストランには何度も行けます。接待でもデートでも使って、相手に喜んでもらえる。それで本人の株が上がっても、教えた人は、その情報を返してくれとは言えません。

人への投資も、教育ほど自在ではありませんが、必要なとき引き出せるATM機のようなものです。

今、あなたが若いのであれば、二十万そこそこの給料のうち、いくばくかを貯金してもしかたがありません。買いたいものがすぐに買えるわけではないし、起業資金もそう簡単には、たまりません。

それならいっそのこと、中途半端な株を買ったり、わずかな金額をため込むことは潔くやめて、トコトン自分に投資しましょう。

最初は安く売ることで、おトク感を相手に与え、学び、経験し、試す。

情報や人脈という「仕入れ」に時間やお金を費やす。

持続年数はおおよそ九年、年齢的には三十歳を目安に、それまでは「仕入れ」の時間として、自分の付加価値を高めるために投資するのです。

第2章

付加価値をつければ人生が変わる！

人生はすべて「仕入れ」で決まる

仕事とは、市場に自分を売りに出すことです。

つまり自分を売る「商売」。

あなたは自分の店で、自分という商品を売るわけです。

経営するのもあなたなら、売るのも、商品を陳列する店舗も、あなた自身。


自分の店に陳列する自分という商品の価値を高めるために必要なのが、仕入れです。

たとえば、タダで魚が手に入る土地では、どんなにいい魚を仕入れて店を開こうと客は来ないように、仕入れを間違うと、それだけで失敗です。

仕入れの段階で、あなたの人生は成功か失敗か決まっているのです。

では、あなたという商品を磨くために、何をすれば成功の確率が高くなるのでしょうか。


人生の仕入れに使える要素は、二つあります。

「金と時間」です。

「金と時間」をどう使うかで、人間は決まってしまうのです。

ただの消費は別として、これまでの人生で、あなたは何にお金と時間を費やしてきたでしょうか？

ほとんどのお金と時間を勉強（受験勉強もふくめて）に費やした人。

野球やサッカーに費やした人。

本や映画、ファッションや音楽、バレエやゲーム、人によって対象は違いますが、それらはすべて人生の「仕入れ」です。

自分の選んだ仕事とは直結しなくても、あなたという「商品」は、それらでできています。

勉強も音楽もスポーツもファッションも、本気で取り組んだとき、人が得るのは技術だけではないのは、すでにおわかりでしょう。

そこに投入するお金や時間が多いほど、人は自尊心や自信というものを仕入れているのです。

わかりやすい例をあげれば、いい大学を出た人が自信をもつのはいい大学だというだけの理由ではありません。青春の多くの時間とエネルギーをそこに費やした自負があるからです。

同様に、スポーツに没入したことで自尊心を培《つちか》っている人もいます。技術だけでなく協調性、ピンチの切り抜け方など、多くのことを学んだという自信もあるでしょう。「オタク」と呼ばれる人には、あまり他人のことを気にかけず、わが道を行くタイプが多いのも、同じ理由です。

違うのは、自尊心をもつにいたる要因が他人から見てわかりやすいか、わかりにくいかだけ。

人は生まれたばかりの「原価の自分」に、さまざまなかたちで「付加価値」をつけています。

人生における仕入れとは、「自分にどんな付加価値をつけていくか」です。

当然、付加価値があるかどうかでモノの値段は変わります。

ルイ・ヴィトンやシャネルのバッグも付加価値が高いからこそ、あれだけの値段になっています。

美人が、「お高い」のは、美しいという付加価値があるからです。

同様に家柄がいい、金持ちであるなど、世の中には最初から付加価値がついている人もいます。

しかし、恵まれた他人をうらやんでみてもしかたありません。

今、現在から、あなた自身に付加価値をつければいいのです。

成功した人の多くは、その出自は決して恵まれていたわけではありません。むしろ貧しい、コンプレックスがあるといったマイナス要素を背負った人が多く、「原価」は非常に安かったのです。

だからこそ彼らは、つねに「仕入れる」ことを忘れませんでした。

大投資家の是川銀蔵氏は、三年間相場を休み、これからの相場を見極めるために図書館に通いつめました。そのあいだ家族は他人の世話を受けるなど、大変な苦労をしたそうです。

古代の遺跡を発掘したシュリーマンは、苦しいときにもらった援助金の半分を文章修業や、語学の勉強に費やしています。

僕の場合は、ビジネス書にこれまで一千万円以上かけています。留学やセミナー、CDなども含めれば千五百万円をゆうに超えるでしょう。

あなたが何に時間を費やすかで、あなたの人生は決まります。

人に与えられた時間には限りがあります。

キャリアにも「売り時」があるからです。

一日中テレビを見ている人は、意識的に見ることでテレビの本質を理解できるかもしれません。本をトコトン読み込んでいる人は、いずれ自分も本を書きたいと思うようになるでしょう。

もしあなたが「伝説の社員」を目指すなら、古今東西の偉人たちが実践したように、もてる時間やお金の多くを、自己投資つまり「学び」に費やしてください。

学びには、大きく分けて二種類あります。

選択の幅や視野を広げる学びと、一定の分野を掘り下げる学びです。

書店に行ったときに、お気に入りのジャンルの棚にばかり行っていませんか？

だとしたら、今すぐ、興味のない棚にも足を運んでみることです。あなたの視野を劇的に広げてくれるヒントは、いつもの場所には存在しません。音楽、つきあう人、ランチの選択、「いつもと違う何か」はたくさんあります。

同様に、さまざまなジャンルの話題書ばかりを読んでいても、深い学びは得られません。時にはがんばって、難しい本にチャレンジしてみることも大切です。

どんなに努力しても好きなことだけをやっていては視野は広がりません。同様に、視野を広げるだけではその分野でプロとして認められることはないのです。

視野を広げる学びと、深く掘り下げるための学び。

この二つをバランスよくやるために、何を読むか、誰とつきあうか、日々どんな経験をするかが大事になってくるのです。

こういった自己投資ができるようになれば、そのうちあなたには自分のいる業界や職場の問題点が見えてくるはずです。

それに気づいたときこそ、あなたが今いる業界や職場で革命を起こす準備がととのった瞬間なのです。

「頭を下げる仕事」だから見えてくるもの

先に述べたとおり、セガで働いた一年間、僕がもらった名刺はたった一枚でした。なぜかといえば、当時の僕は店長代理をしていたからです。

本社ではともかく、店ではいちばん偉い立場。サラリーマンでいながら、一国一城の主のような気分になれました。

しかし、それはあくまで「気分」の話。

実際の経営者であれば、交渉などで外部と接する機会は多いものですが、現実の僕は客とゲーム機のあいだをうろうろしているだけ。

従業員と客を相手にしていれば、毎日が過ぎていきます。

名刺をもらわないということは、人と会う機会がないことを意味します。接待もなければ、営業する必要もない。つまり頭を下げる必要はないのです。

もちろん、ゲーセンにくるお客さんに「いらっしゃいませ」「ありがとうございました」と物理的に頭は下げますが、条件反射のようなもの。

営業や商談で頭を下げるのとは、同じ頭を下げるのでも、その意味はまったく違います。

新入社員という実人生のスタートラインに立っている身で、頭を下げることを知らないのはマズイのではないだろうか。

僕は、漠然《ばくぜん》とした不安をもつようになりました。

「このままここにいても、自分は生かせない」

そう思った僕は転職しようと決め、セガに勤務しながらより安いアパートを探すことにしました。

給料は安くてもいい、自分を生かせる仕事をしようと決心したことは前章でお話ししましたが、生活費そのものを切りつめる必要があったのです。

家賃三万円。風呂なし、トイレ共同という部屋を見つけたものの、あまりの安さに手数料が少ない不動産屋は、態度がよろしくない。「ここに必要事項を書いて」と、横柄《おうへい》に言い、書類を投げるように置く始末です。

なのに僕が書類の勤務先欄に「セガ・エンタープライゼス」と書いたのを見たとたん、彼の態度が変わりました。

「セガだったら、もっといい部屋に住めるんじゃない？」

あまりの変わりように、思わず絶句してしまいました。

このときは、たまたま相手が心ない人だと思っていたのですが、現実は甘くありません。

その後、実際にライターになり、年収もガクンと減り、大企業の後ろ盾を失った僕は、「フリーだから」とクレジットカードの審査さえ通りませんでした。

会社にいた頃には、何枚でもつくれたカードがつくれない。

それは、自分の社会的な価値を思い知らされる経験でした。


セガにいたときの自分も、フリーでライターをやっている自分も同じ自分。

むしろライターをやっている自分は、どんどん付加価値がついているのに、そう思うのは自分だけ。世間は、そう見てはくれないのです。

だから僕は逆に「世間の目のために、自分をよく見せるのはやめよう」と思ったのですが、それはともかく取材に奔走《ほんそう》しだすと、いただく名刺の数は、年間千枚を超えるようになりました。

駆け出しのライターでしたし、取材相手は名のある人物ですから、いつも頭を下げることになります。

傲慢《ごうまん》な人、親切な人、意地の悪い人。いろいろな人がいます。取材する雑誌の看板は背負っていますが、若い僕に対し、彼らはさまざまな顔を見せてくれます。イメージとは違っている人。「へえ、この人、意外とエラそうだな」と思ったり、逆に傲慢で知られていた人が驚くほど優しかったり。

世の中は、低い位置からのほうがよく見えます。上からでは見逃すことも、下からはよく見えるのです。

名刺の数と人脈は比例しません。けれど、頭を下げてお願いした人が気持ちよく引き受けてくれたとき、その人は大事な人脈になります。

借りをつくったとしても、「出世払いだよ」と笑顔を見せてもらえれば、その人のためにも、なんとかがんばろうと思うではありませんか。

強い立場にいる人のまわりに人が集まってくるのは、当然のことです。

しかし波が引いたあと、そこに誰も残らないのでは、なんのための名刺の数であり、人脈であるかわかりません。

頭を下げることは決して屈辱ではありません。

頭を下げるだけで、見えてくるもの、得るものは多いのです。

二十四時間働く覚悟なら、なんでもできる

小学生の僕は、経営者だった父のまわりにいる大人の話を聞くのが好きな、少し変わった子どもでした。

今でもよく覚えているのが、一度は倒産したものの再起して成功した人の話です。倒産したとき彼は何をしたかというと、ひよこの商売をやったそうです。ひたすら、ひよこの雌雄を分ける仕事。

「あれは二十四時間できるんだ」

その人は、幼い僕に向かって言いました。

二十四時間できるから選んだ仕事なんだ、と。

二十四時間、ほかの人が寝ている間でも仕事はある。それを探せば借金は返せる。資金はたまる……。

彼の言葉は、今も僕のなかで生きています。

ライターをしていたとき、僕も文字どおり二十四時間働いていました。

レストランに取材の申し込みをして「その時間は営業時間ですから、ムリです」と断られたら、「では夜中の二時は、いかがでしょう？」と営業終了時間を提案する。こちらもその時間まで仕事をするはめになりますが、確実にアポはとれました。

「東京近郊、横浜、千葉、八王子にいるフリーターを街頭で十人つかまえて取材してほしい、締め切りは○○日」

こんな取材の依頼が来ることもありました。

すでに夜中までビッシリ仕事があるので、普通に考えれば不可能ですが、一日一地点、早朝の一時間だけ取材してくることならできます。

朝なので急いでいる人がほとんどでも、足を止めてくれる人はいます。

これを八時から九時までの一時間、五日続けてやる。取材が終わると会社に行き、ルーティンの仕事をこなす。眠れるのは移動の間だけという、ハードスケジュール。車内で眠れるとなると、逆に遠方の取材のほうが少しでも眠る時間が増えると、ありがたくなってきます。

「二十四時間使える」

そう思ったとき、それまでは「ない」と思っていた時間が「ある」に変わりました。

そのおかげで僕はチャンスをつかむことができたのです。

ハードワークの連続だったライター時代に、仕事の区切りが見えた日がありました。今の仕事は明日中には片づく。ならば明日は定時に帰れる。

仕事の流れがいったん止まったのは、入社してはじめてのことでした。

いっそのこと、今日一日で明日のぶんまでやってしまえば、明日は丸一日空く……。

そう思った僕はその日、徹夜して仕事を片づけてしまいました。

徹夜明けの次の日は丸一日、自分のものです。

久々に遊びに行く、思うぞんぶん眠る。

「貴重な休日」にはいろいろな使い道があったでしょうが、僕はチャンスだと思いました。

その朝、徹夜明けのまま書店に行き、さまざまな雑誌の編集部の連絡先をメモしました。次にやったのは、メモした三十社か四十社の編集部のすべてに電話をかけまくること。飛び込みセールスです。

「○○という編集プロダクションでライターをやっている土井と申しますが、御社の仕事をやらせていただけないかとお電話した次第です。編集実績は――」

「くわしいお話をうかがわせてください」と、興味を示してくれた編集部にはすぐにアポを取ります。

そうは言っても、そんな営業をしている人はその会社に誰もいませんでしたから、売り込みの資料や編集実績データの用意がありません。

そこで午後は社に戻って社長にお願いし、売り込み用の資料と会社概要を作成してもらいました。

訪問の結果、新規に二社から仕事を請け負うことになり、そのうちの一社は、かなり条件のいい仕事をくれることになりました。

このときから、僕の会社での立場は逆転しました。

それまでの僕は、仕事を与えられ、それを時間内にこなすことで評価を受けていました。ところがその日を境に、僕が取ってきた仕事を、僕が中心になってやれるようになったのです。

「土井には大事な仕事があるから、ほかの仕事は振るな」と次の週から、僕は自由に動ける立場になりました。

ただし給料は今までと同じ十二万円程度。ハードさも変わりません。

けれど「自分の給料は自分で稼いでいる」という気持ちよさは、何にもかえがたい醍醐味《だいごみ》でした。

その会社はどこからも見えるホワイトボードにメモが貼られていて、「誰の受注で、担当者は誰」というのが一目でわかるしくみになっていました。そのボードに、日ごとに僕の名前が増えていきます。

その社を去る頃には、約半分が「土井」の名前で埋まっていました。

僕は二十四時間働くことで空いた時間を、飛躍のためのジャンプ台に使ったのです。人生は、あの徹夜明けの一日で大きく変わりました。

ある程度、自分の裁量で働けるようになっただけではありません。

その後、会社は売り上げを伸ばし、お祝いの場で僕は特別ボーナス五万円を受け取ったのです。金額だけを見たらたったの五万円かもしれませんが、アルバイトだから本来はもらえないはずのもの。その五万円が僕にはとても嬉しく思えたのです。

たとえ平社員だろうと、相手のために働けば喜んでもらえ、重宝され、人脈も広がり、自分も成果が出て気持ちよく仕事ができる。

僕はこの快感に、働き出してはじめて気づいたのです。

入社した瞬間、自分で自分をクビにする

アマゾンに入社するとき、僕は自分に二つの宣言をしました。

一つは「今日から自分はクビだ」ということ。

もう一つは「死ぬまで勤めるつもりで会社に貢献しつづける」こと。

アマゾンという当時注目の外資系企業に入社できたものの、僕は自分がカラまわりしているような気がしてなりませんでした。

セガ、ライター業、出版社の記者などの仕事を転々としてきて、それなりの成果は上げ、人目にふれるものをつくっているという満足はあったものの、いまいち突き抜けない自分にもどかしさを感じていたのです。

そんなとき、いくつかあった誘いのなかから選んだ転職先がアマゾンでした。

アマゾンはネット書店として話題になっていましたが、必ずしも良い噂ばかりではありませんでした。

「日本には根づかないのでは？」

「いつ倒産するかわからない」

しかしその危機感が、かえって僕をあと押ししてくれました。

つぶれそうなら逆に、思い切ったことをやれるかもしれない。

だったら、これまでの自分のスタイルを変えてみよう。

そうすることで壁を破ってみよう。

こんな気持ちで、僕は冒頭の宣言をしたのです。

それまでの自分がブレイクしなかったのは、肝心なところ、あと一歩のところで「いつか辞める会社だから」とドライになり、本気で取り組めていなかったから。

入社後は会社のためによかれと思うことを片っぱしから試しました。

社内政治に屈せず、上司の顔色など気にせず、「経営者アタマ」で会社のためを考え、「どうせクビなんだから」と新しいことにどんどんチャレンジしていく……。

すると驚いたことに、最初は失敗も多かったものの、やがてみるみる成果が出はじめたのです。

そこでわかったのが「成功は何度かの失敗経験のあとに訪れる」という法則でした。

経営における成功の王道とは、トライアンドエラーを何度も繰り返したすえに失敗の確率が下がり、成功の精度が上がり、利益が徐々に増えていくこと。

いきなり莫大な利益が上がるということは、よほど時代にマッチしたか、そうでなければよからぬカラクリがあると疑ってかかったほうが賢明です。

最初は投資をしても失敗の確率のほうが高い。その失敗から学ぶうちに少しずつ精度が高くなり、利益が生まれてくるものです。

ユニクロでおなじみのファーストリテイリング創業者、柳井正さんに『一勝九敗』（新潮社）という著作がありますが、九回負けても一回勝てば成功なのです。それまでの負けを上回るだけの勝ちをすればいいのです。

ハゲるのを恐れて髪の毛をとかさない、洗わないでいるより、抜ける以上に生えるようにすればいいのです。

先日、即席めんを開発した日清製粉創業者、安藤百福《ももふく》氏が亡くなりました。

彼は即席めんの開発では大成功を収めましたが、その後、インスタントライスでは大失敗。当時の資本金の二倍である三十億円を失ったといいます。高い授業料ではありますが、その奥に見えるものは大きなチャレンジ精神です。これは経営者なればこそできたチャレンジであり、賭けです。

たとえ社員の一人が立てた計画だったとしても、経営者としての判断が必要ですから、大きくくくれば成功も失敗も、経営者としての判断の結果になります。

当時の僕は一社員でしたし、アマゾンは外資系といっても、僕には日本の会社の減点主義がしみついていました。

減点主義で評価されるのは「失敗しないこと」です。

成功への評価より、失敗しないことへの評価のほうが高い。

失敗する確率をいかに低くして成功を収めるかを考える人が増えています。減点主義が日本のサラリーマンにとってプレッシャーになっていることは確かです。チャレンジして失敗するより、チャレンジすらしないほうが賢明という精神風土になっています。そのあげく、無難に手に入る小さな成果にとらわれてしまうのです。

サラリーマン社会に根強く残っている失敗を恐れる気持ち。

これをぬぐいされなければ、本当に納得する仕事などできません。

だから僕は、失敗を恐れる気持ちを払拭《ふっしょく》するために、自分をクビにしたのです。

まわりに言いふらす必要はありませんが、意識のなかで自分を一度クビにする。死ぬまで会社につくすと誓う。すると怖いものはなくなります。

上司や同僚への遠慮、あるいは噂、評価が怖くて、やりたくてもできなかったことができるようになります。

「これなら成功する」あるいは「成功するのではないか」と思うことに、トコトン、邁進《まいしん》できるようになります。

給料をもらいながら、さまざまなことを思うぞんぶん実験できるのです。

会社が傾く危険性のある、安藤百福氏のような壮大な試みをしろというのではありません。それほどのチャレンジが簡単にできるはずもありません。

些細なことでいいのです。些細な挑戦を積み重ねていくのです。

失敗を恐れる日本的な減点主義は、自分をクビにするような覚悟を必要とするほど、日本人のＤＮＡ（遺伝子）に組み込まれているのかもしれません。

実際に僕は、失敗も含めて、さまざまな実験をしました。それを次項から具体的に紹介していきましょう。

人のために働くと「大バケ」できる

会社のために働く、つくすというと、会社サイドにとって都合のいい人物になると思われがちです。

けれど会社のために働くことと、上司の言いなりになることとは、まったく違います。むしろ上司との軋轢《あつれき》が強くなるといってもいい。

日本のサラリーマンの多くは、直属の上司に気に入られれば問題は起きないと考えています。しかし、当然ながら、すべての上司が会社のためになる仕事をしているわけではありません。

上司の思惑を超えて会社のために働く。実はこれは非常に危険なことなのですが、僕はそれを自分に課しました。

立ち上げ当初、アマゾンは赤字でした。

業界では、いつ潰れるかわからないと、ささやかれていました。

近いうちに潰れるかもしれないと思えば、逆に怖いものはありません。

新たなチャレンジをするなら、上司や先輩たちと同じやり方を踏襲《とうしゅう》していてはダメですし、むしろ社外の人との関係が大事になってきます。これはどの業種でも同じだと思います。

アマゾンの場合、売り上げを伸ばすには、上司以上に取引先である出版社との関係が大切でした。出版業界には「取次」といって、出版社と書店を結ぶ問屋のような存在もあります。インターネット書店であるアマゾンとて、取次と無関係ではいられません。

「この本を、いついつまでに何冊仕入れたい」とお願いしても、出版社と取次、両者との関係がスムースにいっていなければ手配してもらえない。手配してもらえなければ、売り上げをアップさせることはできません。

書店というのは、アマゾンに限らず本の売り上げで成り立っています。ベストセラー本を多く置いているほうが売れ行きはいいのですが、ほかの商売と違い、ベストセラーなどの売れる本は、実績のある大型書店に優先的に行くのが出版界のしくみです。ましてや日本に進出したばかりで実績のない、当時赤字のインターネット書店に売れ筋の商品をすべて回してくれるはずがありません。

ベストセラーを仕入れるのがムリなら、こちらで売れると判断した本を配送してもらおう。中小の出版社の売り上げを伸ばすことで、大手の出版社にプレッシャーをかけよう。

僕のそのアイデアは、一種の賭けでした。

出版社さんや取次さんに無理を承知で、何冊もの書籍をアマゾンに搬入してもらう。それが売れなかったら、手配した手間暇、時間、運搬料金などすべてムダになります。在庫が余ってしまったら返品のためにまたお金と手間がかかります。

ムダに終わらせないためには、なんとしてでも売らねばなりません。

パソコンの向こうにいるユーザーのためはもちろんですが、まずは知っている取引先の人たちを困らせないために、どうすれば一冊でも多く売れるかを、僕は必死で考えました。

あずかった書籍をていねいに読み、内容をわかりやすく記し、興味を惹きそうな紹介文を書いていきます。

もともとビジネス書は好きだったので、これに関してはむしろ楽しいのですが、「好き」が「結果」とすぐに結びつくとは限りません。

それだけに売り上げがどんどん伸びていくのを見たときには、小躍りするほどの嬉しさでした。

最初は会社のためにやったことが、取引先をも巻き込んでいく。

すると会社のためだけではなく、次には取引先の人のために、がんばるようになる。

そんなふうに人間関係の輪はどんどん広がっていきます。

自分一人のために働いていると、どんどん煮つまっていきますが、会社のため、人のために働いていると、人とのつながりはどんどん広がっていきます。

かかわる人間が増えれば、それだけ複合的な視点でものごとが見られるようになります。彼らとのバランスを取るなかで、視野も広がっていきます。

視野が広がれば、人間としての幅も広くなるのです。

一人の人間は、ほかの人間によって生かされています。

人によって生かされ、人のために働くというのは、決して受け身ということではありません。

「自己実現、自己実現」とちっぽけな世界で騒ぐより、何倍も心地よく、はるかに大きな成果を上げる「喜び」を教えてくれるのです。

五%の法則に当てはまる人材になれ！

　ある生命保険会社のトップセールスマンが、自分のノウハウを披露する講演をしたときの話です。

　講演を聞いたあと、聴衆の一人が質問しました。

「あなたはなぜ、大切なノウハウを公開するのですか。ほかの人が同じことをしたら、あなたのライバルが増えるだけじゃないですか」

　するとトップセールスマンは、こう答えたそうです。

「いえ、大丈夫です。今ここで聞いた人のなかで、実践するのは二割程度でしょう。さらにそれを継続できる人は、その中の二割程度。すると、本気で実行する人は今日いらしてくれた方の四%から五%ということになります。たった四%か五%の人がライバルになったとしても、僕にはそれほどの脅威にはなりません」

　僕自身、さまざまなセミナーを開いていますが、講義内容を実践する人はたしかに二割程度です。どれほどいいことを聞いても、そのときには感心しても、実行に移す人は数少ない。

9

だから、成功するのは簡単です。成功する五％の法則に当てはまる人、つまり聞いたことを実践し、習慣にする人間になればいいのです。

本による学習でも同じような傾向があります。

たとえばＰＨＰ研究所の決算書についての本を購入した人に、講談社の類書を紹介すると、購入する率は非常に高いのです。割合でいうと六割が購入するのではないでしょうか。

同じような本を何冊も購入する人は、勉強熱心な人に思えます。購入する本人も、そう思っているにちがいありません。「何度も同じような書籍を読むなんて、私はなんて勤勉なんだ」と。

しかし、この感情は「自分は勉強している」という自己陶酔の部分が非常に大きいのです。同じたぐいの本を何冊も購入する。この現象が何を意味するかというと、前の書籍でちゃんと学習しなかったということです。本を読んでも、実行に移していないので不安が残る。類書が出ると、「今度こそ」とまた購入する。それをえんえんと繰り返していくわけです。

英語の学習にも、同じ傾向があります。レッスンに一度でも通ったことのある人は、挫折を繰り返し、何度も英会話教室に通う——。

彼らは九十五％の人であり、何かをしたいという望みはもっているものの、それがカラまわりしているのです。

『金持ち父さん 貧乏父さん』（筑摩書房）の著者ロバート・キヨサキ氏が四冊目の本を出したとき、インタビューしたことがあります。

「今度の本は、これまでと違い、実践的な内容になっていますね」

本題に入る前に、僕はまず感想を述べました。

それまでの彼の本は一種の啓蒙書《けいもう》で、多数の読者に向けて書いた本でした。ところが四冊目の内容は、実践することが多く、より高度になっていたのです。彼の答えは簡潔でした。

「この本は、本当に実践できる（五％の）人に向けて書いたから。それ以外の人は読まなくてもいいんです」

本を売るために最初は多くの読者に向けて書くけれど、それを実践するのは、五％程度。そして四冊目の本は、これまで言及したことをすべて実践している人に向けて書いたので、より高度な内容になっているというのです。

実践とひとくちに言うけれど、言うは易く、行うは難し。

講演を聴いたり本を読んだりして納得すれば、多くの人は「よし、今日から実行してみよう！」と思うでしょう。

けれどいつのまにか決意を忘れてしまい、何日かたつと、何ひとつやっていないことに気づき、愕然《がくぜん》とするのです。

継続していない自分に気づくことは大切です。

実践するとは一回か二回、試しにやってみることではなく、何年も継続させること。その何年も継続させる人が、五％なのです。

継続するためのいちばんの方法は、それを習慣にしてしまうことです。

僕が編集長を務めるメールマガジン「ビジネスブックマラソン」は、もう千号を超えました。毎日書くことを自分に課しているので、三年で千号を超えたのですが、仮に一週間に一度だったら七分の一の量しかないことになります。

一回や二回の実践では、効果は出てきません。十回や二十回でも効果を実感できず、やめてしまおうかと不安になるかもしれません。けれど習慣にしてしまえば、効果がないかもしれないと疑念を抱く必要さえなくなります。

あなたは歯磨きを、すぐに効果がないからとやめてしまいますか？

習慣は、あなたを成功する五％の人間にしてくれます。

誰かに、何かに投資する場合にも同じことが言えます。

いくつかの投資対象のなかから、どれを選ぶのか迷ったら、何かを実行しつづけている人や会社を選ぶのです。

どんな狭い場所でも、どんな小さなことでも、あなたが共鳴できる習慣をもっている人がいたら、その人を手助けする。

大きく化けるか化けないかは、時代の波や運もありますが、彼らはどんな時代にあっても成功する人なのです。五％の人間なのです。

自分が五％の人間になるとともに、五％の他人を見つけてください。

9

自腹を切れば切るほど、自分がトクをする

サラリーマンは、仕事で使ったお金は経費として会社に申請します。

「経費が出るならいいけど、自分で払うくらいなら買わない、行かない」

そんな一見、「堅実《けんじつ》な人」も多いようです。

けれど自腹を切るのは、長い目で見ると結局はトクなのです。


僕の会社では何か起きると、どんな解決をするのか質問し、その答えの正否を皆で議論してみるというのをよくやります。頭の体操です。

たとえば九百キロ先にお使いを頼んだとします。

もちろん、新幹線を使っても、車を使ってもいいのですが、その場合の経費は自己負担。タダで使えるのは、会社にある原付バイクだけという条件。

東京から九百キロというと、西では広島くらいの距離になります。

原付は時速三十キロくらいですから、三十時間かかります。新幹線では「のぞみ」で四時間ほど。車だと、時速百キロで高速を飛ばしたとして九時間から十時間。レン

タカーの料金は一万円で、新幹線では二万円程度です。

時間で考えると、いちばん短いのが新幹線、次がレンタカーということになります。レンタカーだと、三十時間マイナス十時間で二十時間のトク。新幹線では三十時間マイナス六時間で二十四時間のトクということになり、一日ぶんの働きほど違ってきてしまいます。これが東に九百キロ離れた函館なら、新幹線だけでは行けませんから、もっと差が出てしまいます。

時は金なりといいますが、丸一日もムダになるのであれば、結局、自腹を切っても、新幹線かレンタカーを借りたほうがトクでしょう。

書類を届けるなど相手がいる場合、素早く届けたほうが相手には喜ばれるのは言うまでもありません。もっとも、原付で三十時間もかけて来てくれたその労力に感動する恋人などが相手の場合は別ですが。

接待の場面でよくあることですが、経費で落ちるのが一万円だと、その範囲内で収めようとする人と、多少はオーバーしても自腹を切ればいいと考えて店を選ぶ人とでは、相手に与える印象はかなり違ってきます。

さらに自腹でお土産を用意する人もいます。「わが家に来た品で失礼ですが、レアものなので持参してみました」などと一言添えると、自腹を切ったということで、相手は感激してくれるでしょう。

接待の目的はビジネスの成果ですから、あなた自身の成果にもなります。

会社の経費に自腹という投資ぶんを上乗せして成果を出そうという発想があってもいいはずです。

競争の激しいホテル業界では、あらゆる手を使ってサービスを提供していますが、先日、ザ・リッツ・カールトン大阪のホスピタリティを示すエピソードを、ホテルジャーナリストの富田昭次氏が『SPA!』（扶桑社）で紹介していました。

宿泊客の一人が重要な書類を忘れてチェックアウトしたことに気づいたホテルマンが自分の判断ですぐに新幹線に飛び乗り、仕事先まで書類を届けたというのです。

ザ・リッツ・カールトン大阪では、スタッフ全員に一日二千ドルの経費が認められているので、上司の決済なしに、スタッフが必要に応じて行動できるわけです。

このケースでは、ホテル自体が経費の枠を大きくすることで「自腹」を切っていますが、会社のシステムになっていなくても、自分で必要と判断したら自腹を切ることを僕はおすすめします。

これは会社のためというより自分のためです。

自腹を切るのも、自己投資、「仕入れ」の一環なのです。

こういった行動をとっさに取れること自体、その人には、すでにホスピタリティ精神という高い付加価値がついています。ほかのホテルに行っても、高く評価されるはずです。

自腹を切るのは、特定の相手へのサービスに限ったことではありません。仕事に必要な資料、ファッション、美術の展覧会といった自己投資も、広い意味でいうと自腹を切ることです。

「自腹を切らなくなったら、バイヤーとしては終わりだよね」

ある有名なファッション・バイヤーが、僕にそう言っていました。

「買う人の気持ちがわからない人が、売る人になれるはずがないもの」と。

僕が値づけのアドバイスをした、『通販成功マニュアル』（日本経営合理化協会出版局）という白川博司氏の本があります。一冊がなんと三万一千五百円。出版業界ではかなり冒険した値段です。

一般に流通している単行本というのは、新書や文庫は別にして一冊千円から高くて二千円程度が普通です。三万円のこの本が一万三千部売れたということは、千三百円の本を三十万部売るようなものですが、それよりはるかに利益は大きいのです。

この本の購買者は、通販をやっている人、やりたいと思っている人。資金を投資してやっている、あるいはやろうとしているわけですから、内容が良ければ三万円という値段は決して高くはないはずです。この本を読むことで失敗をまぬかれ、成功率が高くなるなら、三万円は安い投資といえるでしょう。

「千三百円という誰でも買える本を読むより、高価ではあるがそれだけ読み手が少ない本のほうが信用性は高いだろう」と、購入者は判断したのだと思います。


書籍という商品は、その情報力に比べると非常に安価です。もしその内容を自分で調べ、知ろうとしたら、何十倍、何百倍もの費用がかかる。

時勢に反するようではありますが、僕は高価な本を買ったほうがいいとあえてアドバイスします。高いほど内容が充実しているという理由ではなく、高価な本はそれだけ購入する人が少ないからです。

情報の希少性が勝負のカギをにぎるのが、資本主義社会。ここで人より抜きん出ようと思ったら、つねに少数派の行動をとらなければなりません。

高価な本はまた、高価であるがゆえに読み捨てにはできません。モトを取ろうと熟読することで、その本の内容は血肉となり、脳の深いところまで刺激してくれます。

ベストセラーを読んで皆と同じ情報を共有する安心感を得る。

多少イタイ自腹を切ってでも、特化した情報を手に入れる。

どちらが価値をもつのか、需要と供給の原理からいって答えは明らかです。

同様のことがセミナーなどにも言えます。

誰でも行ける五千円のセミナーより、高額なセミナーのほうが、情報とそこに集まる人の付加価値は高いものです。

自腹を切って購入することとは、ある種の投資をすることとです。

若いうちは、予算を気にして小さくまとまるのではなく、自分の経験となるもの、血肉となるものにどんどん自腹を切るべきです。

どうせあなたが社長になったら、すべての経費はあなたのポケットから出ていくことになるのですから。

失敗するときには、明らかにわかるような失敗をする

「ベストセラーになる本は、どんな本ですか？」

アマゾンにいるとき、出版社の人によくこう聞かれました。

売れる本を分析するのは、ホントは非常に難しい。

内容、時代、著者、装丁、話題性、それに運などさまざまな要素がからみ合っています。同じような内容、著者でも売れるとは限りません。

ところが、売れない本はひと目でわかります。

ですから、出版社が鳴り物入りで売り出したのに売れない本は、なぜ失敗したのかについてのデータをつくり、蓄積しておくと、非常に貴重な資料になります。

同じようにフランチャイズ店でも、A店は成功しB店は失敗したなら、立地条件、店長のやりかたなどB店の失敗要因を分析したほうがいいでしょう。

成功するには、成功の方法を学ぶより失敗しないやりかたを学ぶほうが近道です。

成功する方法は明日には陳腐《ちんぷ》化しますが、失敗の要因はいくつかにまとめられるか

らです。

デイヴィッド・オグルヴィ氏は『ある広告人の告白』（海と月社）で、「黒地に白抜きの文字を書いてはならない」と述べています。しかし日本ではいまだにそれをやり、失敗を続けています。要因を知ってさえいれば、失敗は避けられるし、その事業に投入した資金はムダにならないのです。

「伝説の社員」になるには、小さな失敗をたくさんやっておくといいでしょう。とくに何かしら成功をしたあとは、会社が大目に見てくれるうちに小さな失敗を「実験」しておくのです。

成功している人ほど、会社員時代にさまざまな実験をし、データを集めています。竹田陽一さんは東京商工リサーチでつぶれる会社を徹底的に調べ、経営の極意をつかみました。神田昌典さんはダイレクトメールの書き方ひとつで、どれだけのレスポンスがあるかを実験したといいます。失敗もまた、彼らの伝説となっているでしょう。

僕自身、アマゾンにいるとき、いろいろな実験＝失敗を重ねました。

たとえば、英語と同じくらいの数のフランス語を勉強したいユーザーを発掘できれば、大きな顧客開発になると思ったことがあります。

フランス語を過去に勉強していた人が興味をもちそうな名著を探し、紹介のメールを送り、ウエブページ上でも積極的に宣伝しました。自分の担当であるビジネス書以外にも鉱脈があるのではないかと、さまざまな分野に手を出し、実験してみたのです。

その結果、当時フランス語をやる人は英語に比べ、非常に限られていることがわかりました。ではドイツ語ではどうだろうと同じように試した結果、こちらのユーザーも限られている。フランス語やドイツ語は、大勢の人がちょっとやってみようかと気軽に手を出す分野ではないことがわかりました。

人に責任を押しつけず「私のミスです」と、はっきり言えるような「原因も責任も明らかな失敗」は、正確なデータがとれるので、かけがえのない財産になります。

自分自身が失敗しなくてもデータを集める方法があります。

失敗した人が身近にいたら、話をトコトン聞くのです。

思い起こせば、セガで評価される店長というのは、成功経験があると同時に店を潰した経験もある人でした。

失敗を知っているから、店を任せるに足りる実力があるということです。

マイナス要素ばかりだと思っていたセガ時代ですが、「失敗を知っている人に店を任せる」セガ方式を、僕もいつのまにか学んでいました。

あなたの上司が呆れるばかりのダメ上司だったら絶好のチャンスと思ってください。失敗している人のそばにいる人は、失敗を観察できるぶん、有利な立場にいることになります。

末っ子は、上の兄姉が親に叱られるところを見ているので、要領がいいといいます。「こういうことをすれば叱られるんだな」とインプットしているのです。同様に、ダメ上司のそばにいれば、数少ない失敗例を、臨場感をもって見学できます。

失敗や成果が上がらない原因が自分にあると率直に認める人がそばにいるのもラッキーです。失敗を認められる人はたいてい優秀ですし、彼らのいさぎよい態度に接することで、自分も失敗から逃げずに「できたこと・やるべきこと」を冷静に考える習慣が身につきます。

成功体験が、やる気や自信というメンタルな面でのパワーをくれるなら、失敗経験は冷静な観察力、眼力といった頭脳面を鍛《きた》えてくれます。

飛躍とは、その仕事自体を変えてしまうこと

両替機で両替するようなことを、自分の仕事だと勘違いしている人がいます。手もとにある一万円を千円札十枚と交換するようなものです。

等価交換というと、いかにももらう給料分の仕事だけはしていると思いがちですが、両替機をどんなに一生懸命にいじっても、売り上げは伸びません。

繰り返しお話ししてきたように、給料分だけの仕事をしていては会社も満足しませんし、あなた自身が大きく飛躍することもないのです。

既存の枠のなかで仕事をしているあいだは、どんなに熱心にそれをやろうと成功は手に入りません。最低限、今の数字や売り上げを維持するだけ。

セガ時代に僕がやっていたのは、まさに両替機のお金を替えるだけのむなしい仕事でしたが、その時代があったからこそ、「両替機」のような仕事をしていてはダメだとわかりました。

飛躍させる仕事、インパクトを与える仕事というのは、たとえばゲームセンターをほかの場所に変えてしまうような仕事です。

具体的に言えば、ゲーセンという時間のあり余っている若い人が集まる場所を、その街の大勢の人が楽しめる場所にしてしまう。ゲームをするだけではなく、より大きな楽しみが得られる場所にする。

つまり、一般の人がもつゲームセンターというイメージ、カテゴリーを変えてしまってはじめて、成功が手にできます。

ある分野の、それまでの前提を変えてしまうくらいの改革、革命を起こす。それをやってはじめて数字は伸びるし、大きく飛躍するのです。

もうひとつ例をあげると、コンビニエンスストアが日本に登場した頃、売っているものはパンやお菓子、ジュースといったもので、そこだけ見れば街中によくある店と変わりはありませんでした。

大きく違ったのは、店が開いている時間です。

「セブン-イレブン」とは、文字どおり朝の七時から夜の十一時まで開いている店。当時は朝早くから深夜まで開いている商店はなく、「お店とは朝九時頃から夕方七時くらいまで」という常識をうち破ったわけです。

アマゾンも同様です。書店が開いている時間には忙しい客が、インターネットで買い物をはじめたことが革新的でした。

最近、千円カットのQBハウスが客を集めていますが、同じ髪をカットするといっても、これまでの理髪店とは違う考え方で商売をしています。

ドン・キホーテといった安売りの店も、深夜まで営業することで、単なる安売りの店を一種の遊び場、ストレス解消の場、宝探しの場に変えてしまいました。大阪のドン・キホーテには、観覧車まで設置した店がありますが、それもまさに店舗自体をアミューズメントストアと定義しているからこそ、多額の設備投資をしても、元が取れるのです。

こう考えると、例はまだまだたくさんあります。

任天堂は、若い人のものだったゲーム機を年配の人にも喜んでもらえるよう、コンテンツを開発しました。

ソニーのウォークマンは、それまで屋内のものだった音楽を持ち歩けるものにしてしまいました。

ヤマト運輸は、物流をサービス業ととらえ、そのための設備投資をいち早く行いました。それまでは地方から荷物を送っても、いつ届くのかわからないし、留守だったら隣の人に預けていくというように、不便きわまりなかったといいます。

小口配送など手間ばかりかかって成功するはずがないといわれた仕事が、今では大きな需要を獲得しています。

これまでの分野からはみ出たとき大きく飛躍した企業は、数多くあります。

美容室、マッサージ、パン屋といった飽和状態にある商売にも、そこに新しい視点を加えることで、大きく飛躍できる可能性が生まれます。

今あなたがやっている仕事も、それまでの枠やイメージから飛躍させることができるはずです。

営業時間や定義を変えることで、新しい顧客を開拓できないか？

かつてなかった事業が生まれるのではないか？

そのための種を、日々の仕事のなかから見つけ出し、育ててください。

もちろん失敗もあるかもしれません。社内の抵抗も大きいかもしれません。

それでも、その種を探す人と両替ばかりやっている人とでは、近い将来、大きな差が出るのです。

「成功している人」より「一緒に伸びていく人」とつきあう

数多くの成功談を読んでいて、疑問に思ったことがあります。

彼らの多くは必ずといっていいほど、幼い頃からの知りあいで、大成した優秀な人物を友人、知人にもっているということです。

僕は秋田高校というところの出身ですが、昭和三十六年の卒業生には、なぜか優秀な人が多い。いちばん有名なのは東大の総長になった佐々木毅さん、当時は珍しい女性取締役として注目を浴びたレリアンの長谷山律子さん。そのほか講談社の取締役など、各界で活躍された人を輩出しています。

彼らは大成する前から志をもっていて、お互いはげましあったり、同期の活躍に刺激されたりすることで、一緒に階段を上っていくのではないでしょうか。

身近な例なので、僕の出身校を最初に挙げましたが、仲間同士で刺激しあうのは、学校仲間だけとは限らないので不思議です。

レベルの高い学校を出ている仲間というのならわかります。有名校に入学できたというスタート時点で、すでに付加価値はついているわけですし、そんな優秀な人材の卵たちが集まり、しのぎを削っている場所で、一緒に切磋琢磨《せっさたくま》していくというのは、ありがちなことです。

しかし、「一緒に伸びていく」仲間が見つかる場所は、学校だけではありません。

自分一人ではたいしたことができなくても、仲間を得ることで自分の「たいしたことのない能力、才能」が、思いのほか見事に開花することは、よくある話です。

また、二人、あるいは三人で組むことで、一人でやる以上のパワーが出るケースもあります。

沖縄出身のグループ、オレンジレンジは、幼稚園から一緒の仲間にメンバーの一人の弟が加わり、独自の音楽活動をしているうちに全国的にメジャーになりました。

お笑いのアンガールズは、大学時代、学校は違いますが、旅行サークルで知りあったといいます。

今、あなたが一緒に仕事をしている人たちは、同じ業界で、同じような志をもって集まった人たちです。

その中には気のあう人も、気のあわない人もいるでしょう。

あいつは、理路整然としすぎているから苦手だ。あるいはいつも一人で黙々とやる、自分とは正反対のタイプなので、虫が好かない。そういった気持ちをもつかもしれません。

でも、その「違い」がもしかしたら、自分の足りない部分を補ってくれる、大事な要素なのかもしれません。

サッカーの、FIFAクラブワールドカップ ジャパン二〇〇六年では、優勝間違いなしといわれたスペインの最強チーム、FCバルセロナを、ブラジルのSCインテルナシオナルが破りました。バルセロナはロナウジーニョやデコといった天才ともいえる選手を抱えています。個人個人では神の業とでもいうべき技量をもつ選手たちを擁《よう》する相手を、ブラジル側はチームプレイで迎え撃ち、結局、優勝してしまいました。

一人一人をくらべると、とても敵わない。

そんなときでも、チームプレイによって驚くほどの成果をあげられます。

「ここはこうしたほうがいいと思うんだけど」

「それは違うと思うよ。やはりここはこうしないと」

大小にかかわらず、ものごとをスムースに進行させるためには、頭に浮かんだ提案を出しやすい雰囲気づくりも重要です。意見の食い違いが険悪な雰囲気をつくるようでは、それだけで皆、萎縮《いしゅく》してしまいます。

気心の知れた友達同士だと、お互い気安く、何でも言いあえる。
それもまた、チームを組んだ仲間が一緒に成功する理由かもしれません。

まったく違う素質の者同士が組むことで、さまざまな要素を取り入れることもできます。

ジャニーズ系のグループなどは、無名の頃からキャラクターの異なる少年同士を組みあわせることでお互いを際だたせ、一緒に厳しいレッスンを乗り越えることで連帯感をつくり、さらに競争心をあおって成長させていく。人工的にこの方式をつくり上げることで大勢のファンを獲得している、わかりやすいケースです。

有名な人、偉い人とお近づきになりたいという心理は誰にでもあります。知りあい、顔見知りということで、なぜか自分も偉くなったような気持ちになれるし、おこぼれもあるでしょう。

けれど、すでに偉い人にすり寄っていっても、新しいものはつくり出せません。せいぜい、あまりモノをもらえるだけです。

株と同じように、人にも、まだ多くの人に価値がわからないうちから目をつけ、一緒に伸びていくことを考えてください。

高額な費用を出して参加するセミナーには、優秀でやる気のある人が集まってきます。その場所で講師の話だけ聞いて帰るのは非常にもったいない。宝の山を前にして、踵《きびす》を返すようなものです。

異業種交流会もそうですが、セミナーでは講師に近づくのではなく、目の前の参加者に注目し、話し、名刺交換をしてください。

彼らのなかには、必ずあなたと一緒に伸びていく人がいます。

これからの成功をつくり出す近道は、すでに成功した人に近づくのではなく、一緒に組める身近な人を探すことです。

コピー取り、ティッシュ配りで自分を磨く

今の自分は意味のある仕事をさせてもらっていない、アルバイト並みの仕事だ、と不満に思っている人がいます。

けれど、どんな仕事にも学べるものはあります。

たとえば会社でコピー取りしかさせてもらえないとグチを言う前に、コピー取りそのものはなんのために必要なのか、その意味を考えてみるのです。

コピーを命じられたら、必ずその書類を読んでください。

複数の人に伝達すべき大事な情報だからコピーするわけで、その内容には新規の企画、資料といった重要事項が記載されている可能性は高い。

上司は雑用をさせる部下だと思うと、油断して重要書類でも決算書でもコピーさせるものです。そこから多くの情報が読み取れたりします。

「そうか、ウチの会社は今度、こんな事業をするのか」

「これから取引先のこの会社はこうなる」

これらの情報は、すぐには役立たないかもしれません。いいえ、あなたが産業スパイ

でもない限り、ほとんどはすぐに役立つことはないでしょう。

でも、こういった経験を積み重ねることで、ちょっとした書類から重要事項を読み取るノウハウを身につけることができるのです。

電車で隣に座った人が無防備に広げる資料の盗み読みというワザにも応用できます。人はなぜか、同じ電車に同業者やライバルは乗らないと思い込んでいます。それゆえ平気で重要な書類やパソコンを広げています。それを何気なく見ることで、思いもかけない価値ある情報を入手できるものです。

会社に限らず、ユニークな学びの方法はいたるところにあります。

たとえば、車内販売の女性。

僕は学生の頃から、駅弁をほかの売り子よりよく売る人がいたら、どんなスピードか、客にどう声をかけるか、どう目を配るかを観察していました。

販売のうまい人は、何メートルか先から、購入しそうな人に目をつけ――目があう、目があったとき軽くうなずくなど――その人のそばに近づいたら、スピードをゆるめます。釣り銭を予測しておき、すぐ渡せるように用意する。一人が購入すると、近くの人もつられる場合が多いので、渡し終わっても急ぐそぶりは見せないなどなど、やはりよく考えたうえで行動しています。

街頭でティッシュを配る人にも、数多く配れる人となかなか受け取ってもらえない人がいます。渋谷でじっくり観察したことがありますが、うまい人は明らかにある法則をもっていることを発見しました。ワンツースリーのタイミングとリズムです。

「この人」と思ったら三メートルくらいの距離でワンクッション置く。いったん意識させ、ツーのタイミングで一メートル五十センチくらいのところに近づく。そのとき、身体はもうその人のほうに入っていて、スリーで一メートルのところに来たとき、にっこり笑って「新規オープンです」と声をかけます。

どんな職業でも、セルフイメージの高い人は、断られてもあまり傷つきません。

目のあった人のほとんどはティッシュを取るようですが、なかには邪険《じゃけん》に振り払う人もいる。

しかし成果を出している人は、受け取るかどうかは確率論にすぎないと知っているから傷つかない。それはこちらの問題ではないことがわかるのです。そのうえで、受け取る人の確率を上げるためにはどうすればいいのかを、考えるわけです。

仕事がつまらないとぼやく前に、どんな仕事にでも学びがあることを知り、何かしらつかみ取る努力をしたほうが賢明といえましょう。

第3章

最強の自分マーケティング

日本車も、外国に行けば外車になる

日本車も最近は外国の車より性能、デザインとも優れたものが増え、海外での人気は高いのですが、「外車」という響きにはいまだに憧れを誘うものがあります。

僕が子どもだった頃も、「外車に乗っている」というと、なんとなく特別な人のような気がしました。

僕の兄は大の車好きで、乗っている車は日本製なのですが、内装や外まわりにお金をかけていました。トータルすると外車を購入できるくらいの金額を投入したりする。

「同じ金をかけるのなら、外車にすればいいのに」

僕のこの言葉に兄貴は答えました。

「日本車だって、外国に行けば外車だ」

予想されたような、「日本車だって性能はいいんだ」とか「日本で乗りまわすには日本車のほうがいいんだ」という反論ではなく、「日本車だって、外国に行けば外車だ」という兄の答え。

それは僕の言葉が性能や便利さに関してではなく、「付加価値がある車としての外車」という意味だったことへの的確な返事でした。

性能はともかく、「外車」という響きはまさに付加価値を象徴していたのです。日本車も外国に行けば外車。これは逆転の発想、視点です。

かつて僕がドイツに短期滞在をし、現地の学生たちと交流したときのこと。「君たちは、ホントに外国人に見えるね」とドイツ人に言われました。

ヨーロッパ系の民族は、アーリア系、ラテン系、ユダヤ系と、細かく分けるとさまざまな人種で成り立ってはいますが、その違いは微妙です。イギリス人もイタリア人もパッと見れば似たような外見です。しかし、彼らと日本人や韓国人、中国人といったアジア人の顔は、まったく異なります。つまり僕らは、ヨーロッパ人のなかにいると、すぐに区別できる。目立っているのです。

日本人は黒い髪、茶褐色の瞳。背も低く、顔も身長のわりに大きい。

日本の若い人たちがコンプレックスに思っているような特徴も、欧米人のなかでは非常に際だつ。

地味な色合いでも、黄色や白といった明るい色のなかでは、希少価値をもってくるのです。

アジアンビューティといい、日本人からすれば、どこにでもいそうな女性がヨーロッパでは超一流モデルとして、もてはやされていることがあります。

僕がギリシャに留学していたときは漢字（風）の文字をモチーフに使ったインテリアが流行っていました。

暴走族が壁にスプレーした「ＮＩＳＳＡＮ」という文字を見たこともあります。日本人から見れば笑ってしまいますが、現地ではおそらく希少価値があってかっこいいのでしょう。

これは本の世界でも同じです。

書店にずらりと並んだ何千冊、何万冊もの書籍。一冊、一冊は「僕を買って」「俺を選んでくれ」とばかりに、デザイナーたちがあらん限りの力をつくした装丁で、しのぎを削っています。ピンクや赤や黄色、ときには金銀で飾りたててさえいます。

そんな派手な装飾のなかにあると、おさえた色目の装丁が逆に客の目を惹き、つい手に取られたりするものです。

装丁に関しては、出版社もデザイナーも、自分のつくった書籍が少しでも目立つよう、手を替え品を替え、くふうを凝らしていますから、なかなか差別化するのは難しくなってきています。

かつてアメリカの西海岸で買いつけた洋服を東京に持ってくるだけで財を成した若者が大勢いました。

古くは金や銀などの希少な鉱物をタダ同然で買いつけて財を成した富豪もいました。

自分の価値を高めるためには、希少なものを探す、あるいは少数派の行動を取れということです。

ちょっと個性的でおしゃれでも、みんながもっているから安心というようなものを買うのは、もうやめにしましょう。

あなた自身が希少品となるために、ふさわしい自己投資をし、ふさわしい場所を発見するために全力をつくすべきです。

複数のキャリアを組みあわせて「わらしべ長者」になる

一般に職種というのは営業職、事務職、サービス職などに分類されていますが、仕事の内容をじっくり眺めてみると、ひとつの職種のなかにさまざまな要素が存在していることがわかります。

営業職のなかにもサービスはあるし、販売にも企画立案の要素はあります。飛躍とはその仕事自体を変えることですが、ひとつの仕事のなかに違う要素を見出すことは、あなた自身のキャリアアップにもつながっていきます。

新卒でセガのゲームセンターで働いた時代に僕は、向き不向きはともかく、店舗経営とは何かということを学びました。

そこを辞めてライター業というまったく違う分野に転職したわけですが、徹夜明けの翌日に営業で取った仕事は、ゲーム業界の取材でした。僕自身ゲームが好きだし、ゲーセンにいたわけですから、ゲームをつくっているクリエイターたちの話はよく理解できました。

ゲームクリエイターの取材で経験を積んだ僕は、その実績を生かして就職雑誌で経営者たちの取材をすることになるのですが、それまで「業界の有名人」に何人も会っていたので、臆することなくインタビューできました。

経営者たちを取材するうち、もともともっていた僕自身の経営者魂みたいなものが、刺激されるようになりました。

彼らがどんなふうに成功したのか、その根本的なところが知りたいと、趣味だったビジネス書を読むことに拍車がかかりました。

経営者の著作を読むことは取材に必要な準備でもあり、僕自身の楽しみでもあるので、細かいところまでじっくり読み込みます。そのため取材をしても、彼らの言葉の奥深いところまで理解できるのです。

ビジネス書を読み込んでいたことが、今度はアマゾンのバイヤーとして、これからのベストセラーを見抜く力になっていき、さらには今の出版プロデュースという「本を書きたい人の強み」を見抜く力に育っていったのです。

僕の例のように、たとえばゲーム業界にいたからといって、転職する際、同じゲーム業界でキャリアアップする必要はありません。

むしろ自分の仕事のなかでもっとも興味をもった箇所、もっともがんばれそうな箇所を生かせる仕事でキャリアアップしていくほうが、ずっと楽しく、成功の確率も高いのです。

「わらしべ長者」というおとぎばなしがあります。

最初はワラしか持っていなかった男が、アブがとまったワラを男の子が欲しがったので、ミカンと交換。のどが渇いている人が布と引き換えにミカンをくれというので交換。こんなふうに、持っている物を次々と交換することにより、大金持ちになるという話です。

経済では需要と供給の原則にそって等価交換を表す例として紹介されることが多い話ですが、僕は「人が欲しているものはみな違う」という解釈をしています。

人が物に感じる価値、払う代金はそれぞれ違うのです。

ブランドのバッグなど、ある人にとってはまるで価値のないものが、ある人にとってはどれだけお金を出しても手に入れたいものになる。

物に限りません。映画や本、インターネットの書き込みといったコンテンツも、受け手によって価値がまったく変わってきます。

それは仕事に関しても同じです。

今や撮影には不可欠のスタイリストも、かつてはカメラマンの助手などが雑用としてこなしていました。スタイリストとは、ファッション関係の企業や店舗に強く、センスがあり、その上に体力があって雑誌や広告の撮影現場で力を発揮するといった、ひとつひとつを見れば、職業として成立しないようなことを複合的に積み上げてできた職業です。

外国での撮影・取材には欠かせない現地コーディネーターという仕事も同様です。

現在の仕事のなかの、どの部分とどの部分を組みあわせると、こんなことができる。そのうえに、これがあるともっと強いと思えば、そこを強化する。

キャリアアップというと、「資格を取らなきゃ」「すごい経歴がなくては」などと思いがちですが、そういった先入観を捨てて、今の仕事を分解してみましょう。

あなたのワラが、きっと見つかります。

才能とは、小さな成功を大きなパワーに変換する能力

アルカトラズという監獄レストランを仕掛けてブレイクした安田久さんという方がいます。

『マネーの虎』というテレビ番組にも出演していたので、ご存じの人も多いと思いますが、彼は今、銀座で新しいかたちの郷土料理の店を仕掛けています。

中学、高校までの彼は、何をやっても中途半端だったそうです。勉強もできない、スポーツもソコソコと、表向きには取り柄というものがなかった。

ところが高校のときにアルバイトしていたファミレスで、彼は転機を迎えます。

驚くような体験があったわけではありません。安田さんの著作『一攫千金』（講談社）を参考に、ご紹介しましょう。

昼下がりのファミリーレストランは、客もまばらです。ときおり顔を見る中年女性のグループの席だけがにぎやかで、活気に満ちています。

彼はその席で、「ゆっくりしていってくださいね」と、コーヒーのおかわりだけでなく、笑顔を添えて言いました。

彼女たちは、「早く席をあけてほしい」という態度をとられることはあっても、心からの笑顔で、そう言われたのははじめてだったのでしょう。驚き、お互いに顔を見あわせたあと、そろってパッと笑顔を返してくれました。

彼女たちが帰ったあと、安田さんは店長に呼ばれました。

彼の態度は女性たちの心を動かしたらしく、精算用の伝票に「とってもやさしくしてくれてありがとう」と記してあったというのです。

店長にそう告げられ、ほめられたとき、彼のなかで何かがはじけました。

「笑顔ひとつ、言葉ひとつで、お客さまはこんなにも喜んでくれる」

それまでの人生で、安田さんは親からも教師からも、ろくにほめられたことがなかったそうです。

それだけに喜びは大きく、自分は飲食関係の仕事に生きると決めました。

大学にも行かず、飲食店でバイトをしてノウハウを学び、やがて独立して成功したわけですが、そのきっかけは、客からのほめ言葉だったのです。

サービス業をしている人なら、誰でも客からほめられたり、喜ばれたりすることはあるでしょう。これくらいの話は、珍しくないかもしれません。

しかし大切なのは、ほめられた経験ではありません。

なんでもないほめ言葉を、大きなパワーに変換できる能力があること。

これが安田さんの天才であるゆえんなのです。


徹底して客の立場に立つ。

心からのサービスをすれば、客も心から喜んでくれる。

安田さんは、なにげないほめ言葉から、客商売の神髄《しんずい》を学んだのです。

今、彼の店では、正社員からアルバイトにいたるまで、料理や酒のことをたずねると、どんな質問にも答えが返ってきます。

「どうしてあれほどくわしく知っているんですか」と僕が聞くと、

「お客さまは、このメニューについて、こういう質問をするなとあらかじめ想定しているんですよ」と安田さん。

要は、質問が集中するようなメニューづくりをしているというのです。

客からの質問は五つくらいに集中している。だから客は、スタッフがあたかもどんな質問にも答えられるかのように、錯覚してしまうのです。

彼をそこまでの飲食業のプロに押し上げたのも、高校生の頃のささやかな、けれど本人にとっては大きな「ほめられ体験」だったわけです。

アマゾンでビジネス書を担当していたとき、僕も同様の経験をしました。ユーザーの視点からビジネス書を紹介すると、面白いほど売り上げが伸びたのです。

あるとき、ほとんど世間から忘れられていた昔の名著を紹介したところ、「この本を紹介してくれてありがとう」とカスタマーレビューに書かれていました。

自分の行動に対し、反応が返ってくることほど嬉しいことはありません。

その喜びを嚙みしめ、ではもっと喜んでもらいたいと研究する。

成果が上がり、またパワーが出てくるというふうに、らせん状に成功へとのぼっていく。

自分はどんなことをほめられたら、いちばん嬉しいのか。

それがわかれば、自分の才能は開花します。

小さく、ささやかな体験を、大きな樹木に育てることができるのです。

「会社のものさし」ではすべてのスキルを測れない

「同期にくらべて、自分は成果を出している」

「ウチの会社は自分でもっているようなものだ」

あなたもそう、自負しているかもしれません。

そのわりに会社の待遇がよくないという不満が芽生えたら、まずはあなたの仕事が今の会社にどの程度、支えられているかを、冷静に見つめることにしましょう。

名刺を出したとき、相手が気持ちよく話を聞いてくれるのは、あなたの後ろに会社が控えているからかもしれません。

人を接待できるのも会社が経費を出してくれるから。

会社が広告を出してくれるからスムースに商品が売れる。

雑事をこなしてくれる人がいるから仕事に集中できる。

会社の恩恵を受けている部分は、自分で考えるより多いものです。

今の会社の看板をはずし、あなた個人の力で勝負しようとしたとき、どのくらいの人があなたの力になってくれるのか？

これを考えずに独立したり転職したりして、失敗する人は多いのです。

さらに確認しておかなくてはならないのは、会社の評価システムです。

たとえば、銀行の窓口で金融商品を販売し、トップセールスとなった女性がいるとします。この場合、彼女は会社が集めてくれた客に対して商品を売ればいいわけですが、もし転職して生命保険のセールスをやったとしたら、状況はガラリと変わります。成約率だけでなく、集客もその人の評価につながるからです。

このように、ある評価システムでは優秀だと評価されていた人が、別の評価システムになると、突然、評価されなくなるというのはよくある話です。

現在の会社の評価システムを冷静に見ることで、今の自分の評価は社外でも通用するのかを再考してください。

仕事がうまくいかない、不満があるからという理由で独立するのも危険です。

なぜなら多くの人は「俺はこんなに仕事ができるのに給料が安い」と思っているのですが、独立して問題になるのは、仕事ができるかどうかより、お客をとれるかだからです。

もちろん独立したばかりのときは、これまで親しかった客が一時的に訪れてくれたり、仕事をくれたりすることもあるでしょう。

けれどそれは、単なるしがらみや、ご祝儀だったりする。打ち上げ花火のようなもので、一時的に儲かっても、長く続くかどうかはわかりません。

「会社の」ではなく、「自分の客」を発掘すること。

「会社ではなく、〇〇さんにお願いしたい」という取引先や客を多くつかんだときが、独立をはかるタイミングなのです。

伝説の社員は、取引先や顧客など、社外にファンをもっています。


転職や起業するにあたり、前の会社の客を引き継ぐのも重要ですが、業種を変えても引き継げるもの、すなわち理念を引き継げればベストです。

僕自身、自分で会社を興すと決めたのは、幼いときから父の仕事ぶりを見てきて、いつか自分も事業をやりたいと思っていたからです。

けれど父にガスや水道の事業を継いでほしいと言われたとき、それを断りました。

もうガスや水道といったインフラの時代ではないと思っていたし、自分がそこに鼻がきかなかったからです。

僕は親父に言いました。

「僕が継ぐべきは親父の会社ではなく、商売人としての魂です。僕は、僕の時代の人々が強く求めていて、自分がそれに応えられるところで勝負したい」

何をするにしても学ぶべきことは、表面的なことではなく、その奥にある本質的なものです。

その本質とは、すなわち理念です。商売の精神、神髄、つまり人に何を与え、ともに繁栄していこうとするかです。

それをいち早く見つければ、どんなことにも応用できるのです。

レバレッジが利く「一人」を探し出す

レバレッジとは梃子《てこ》の原理という意味で、わずかな力で大きなものを動かす力が出る、少額の投資で多額の利益を上げることです。

わかりやすい例は、やはり出版業界でしょう。

一冊千円の本がベストセラーになり、百万部売れることで、作家は一冊の本をつくる労力で莫大な利益を手に入れることができます。文庫になり、映画化されれば、著作権の二次使用料で利益はふくれ上がっていきます。

では、ほかの商売でのレバレッジとはなんでしょうか。

飲食店では、店舗の数を増やすことでレバレッジをかけます。

ハンバーガーやピザの店は、材料費は増えますが、同じ品質のものを数多くつくることにより、大幅な経費削減になります。

居酒屋チェーンの和民なども、店舗を増やすというレバレッジを利かすことで、総売り上げや総利益を上げていきます。

最初につくったノウハウがうまくいけば、そのノウハウを百、二百店舗と広げていくことで、労力も経費も節減できるわけです。

僕が行っている出版プロデュースでは、いわゆる「作家」の本だけを扱うわけではありません。さまざまな事業で成功したビジネスマンの本をプロデュースします。

一冊の本をつくることを梃子にして、その著者の本職の利益も上がっていきます。出版した本がベストセラーになる可能性ももちろんあるのですが、一冊の本を出すことによって、本業のほうでも信用、宣伝というレバレッジが利くしくみになっているのです。

その結果、年収アップするクライアントが続出。僕は「日本一ビジネスマンを高く売る男」と呼ばれるようになったわけです。

一冊の本ができるまでには、さまざまなプロセスがあります。

著者のキャラクターや強み、内容のわかりやすい整理、影響力を高める表現方法など、数々の関門をクリアする必要があります。

その過程で、本業のほうがうまくいくしくみやアイデアも生まれてくるのです。

そして本ができたあかつきには、それ自体が信用や宣伝となってユーザーを招き寄せてくれるというわけです。

サラリーマンでも、自分の仕事にレバレッジをかけることはできます。

仕事でかかわる場所や人を、違うことにも使う。

一粒で二度おいしい。これもレバレッジです。

たとえば保険の営業で高い成績を上げている人は、このレバレッジの利かせ方がうまいのです。

一人の人の背後には、家族、親戚、会社関係の知人とかなりの数の人が控えています。知りあった人が、彼らを紹介してくれることで加入者はぐっと増える。そのなかの一人が会社を立ち上げたとすると、社員全員が加入するケースもあり得ます。

一人を口説くことによって、その背後の組織なり人脈なりを動かせる。

営業力があるとは、レバレッジが利くその一人を探し出すことです。

特許を取ることで、その売り上げの何%かを受け取るしくみ、あるいはもっとささやかなことでも、自分の仕事のなかでレバレッジが利くところを探してください。

時間給で働くのがキツいのは、時給が安いからというより、仕事のなかにレバレッジを利かせる部分を見つけにくいからです。

書籍や洋服の販売といった作業に従事していても、単に商品を店に並べる、積み上げるだけではホームランは生まれません。それでは、やみくもにバットを振る下手なバッターと同じ。

自分なりのＰＯＰを出す、面白いと口コミで宣伝してみる。そんなふうにしてベストセラーになった本が、最近は増えています。自分の仕事のなかでも、バットを替えてみる、持つ角度をくふうする、どんな球がくるのかしっかりと見る。

今すぐ直接的な利益につながらなくても、つねにレバレッジが利くところはどこだろうと考えるクセ、探すクセ、習慣をつけておきましょう。

その視点がいつか大きなホームランを飛ばすことになるのです。

✓「未来の芽」が見えると大ブームが起こる

「未来は必ずこうなる」と、経済学者やマーケティング関係者がさまざまな予測をしています。

ザックリとした予測はつくにしても、どんなものを人が好み、どんな商品やサービスがヒットするのかは、予測からはつかめません。これまでのヒット商品を見ても、「えっ、そんなものが」と驚くようなものが数多く出ています。

未来は誰にもわかりません。だから面白く、誰にでもチャンスがある。未来がわからないからこそ、未来の芽を見つける目が必要になってきます。

現代経営学の父といわれたピーター・F・ドラッカー氏はすでに亡くなりましたが、未来を読む方法を二つ提示しています。

一つは、すでに起こった未来に注目せよということ。

未来の萌芽《ほうが》というのは、もうすでにある。すでにみんな目にしている。でも多くの人は、それに気づかない。

そこに着目した人がなんらかの行動を起こしたとき、一気にブレイクする。

ブームというのは、以前からあった現象が、些細なきっかけでブレイクしてできるものです。

以前からあるけれど面白い、これを人が放っておくのはおかしいと思えるものに、注目しておくといいでしょう。

もう一つの未来を読む方法は、自分で未来をつくることです。

「われわれは環境から影響を受けると同時にプレイヤーなので、環境に影響を与えることもできる」

シンクタンク・ソフィアバンク代表の田坂広志氏を取材したとき、彼は僕にこう言いました。

「未来の芽」を見つけるにしても自分でつくるにしても、ブレイクポイントは同じ。すなわち、もうすでに「自分の頭のなかにある」「目にしている」わけです。

清少納言は「春はあけぼの」と『枕草子』の最初の一行を書きました。もちろん、これだけが理由ではありませんが、彼女のエッセイが多くの人の心をとらえたのは、「そうだ、春といったら、あけぼのだよな」と共感を呼んだからです。

前述したヤマト運輸の小倉昌男氏は、「小口輸送はすでに郵便局がやっているが、早い、親切、ていねいとサービスを向上させれば、大きなビジネスになるのではないか」と考えました。未来の芽をそこに見て、最初は赤字しか出なかったビジネスを、社会のインフラといえる大きなものにしてしまいました。大ベストセラー『東京タワー』（扶桑社）は、母親と息子の愛情を描いていますが、これも忘れられつつあった、でも人の心には永遠にある母が子を思う気持ちが、現代的なアーティスト、リリー・フランキー氏によりパッケージをかえてよみがえったから、ヒットしたのです。


誰もが思っていることを、どうわかりやすく表現するか。

今までにもあったものを、現代的なものにどう結びつけるか。

これが未来をつくるポイントです。


ブームとはまた、立ち去るのも早いもの。

ゆえに、今ブームの現象や物には反動がくることを逆手にとり、現在のブームとは反対の現象や物に目をつけるという方法もあります。

多くの人がファーストフードを食べているなら、その逆のスローフードに目をつけておく。ＩＴなどデジタル志向が進みすぎると、その反動としてアナログなものを人は求めるようになる、といったことです。

幸いにも自分がブームをつくった場合、落ちていくときの対処のしかたも、二つあります。

一つは、頂点の段階で、終わりの準備をしておくこと。

これまでのブームの歴史を見てみると、物のブームは終わりが早い。食べ物ではティラミス、ナタデココ、商品ではたまごっち、ゲームではインベーダーゲームなどがありました。たまごっちなど、品不足が続き盗難まで出る騒ぎになりましたが、量産したときにはブームはすでに去り、あまりに流行しすぎたためにたくさんの在庫を抱えるはめになってしまいました。

ある程度のブームに乗ったら、すぐに次の手を考える。これは株と同じで、高値のときに売り抜けておく方法です。

もう一つの対処法は、今のブームを一過性のものにしないで、付加価値をつけてブランド化すること。

バッグや靴、あるいは人も同じですが、品質で勝負するのです。

京都の布製カバン「一澤帆布《いちざわはんぷ》」は、ブームになりましたが、それまでは一部の愛用者だけが知っていた丈夫さや質のよさが、一般の人にも広く知られて、人気が定着しました。

芸能人など、若いときにブレイクした人はあとが続かないというのは、演技などの内容面が未熟なためです。傲慢《ごうまん》になり、まわりの評判が悪くなっていくというケースもありますが。

それに引きかえ、ある程度の年月を経て人気の出た人は、実力のある人が多いのでブームが去ったあとも生き残っていきます。

一澤帆布やルイ・ヴィトンなどは、最初は明らかにブームがあり、そののちブランドとして確立していったわけです。

自分はどちらを狙うのか、あるいは偶発的にブームに乗れた、あるいはブームをつくった場合、どちらのケースに落ち着くのかを判断してください。

明らかな需要があって、かつ誰もそのことを知らない。

参入障壁《しょうへき》が高くて、長期にわたって需要が続きそうな仕事。

そこで自分の強みを生かせるなら、ぜひ、勝負をかけるべきです。

「名前＋長所」のセットで人を紹介する

一緒に仕事をしている人を誰かに紹介するとき、単に名前を言うだけでは意味がありません。

「○○さんは、△△の分野でとても優秀なんですよ」と具体的なほめ言葉を添えることではじめて、強い印象を残します。紹介された人は、その人の価値がわかるし、そんなすばらしい人を紹介してくれたあなたにも感謝します。

紹介する人、される人、双方がいい印象をもつことになるのです。

ところが、名刺交換会や異業種交流会など、紹介したりされたりという数が多い場合、「優秀な人」がやたらに多すぎて、結局、相手の記憶に残らないケースもあるようです。

つまり「優秀な人」というのは、本気にしてもお世辞《せじ》にしても、抽象的なほめ言葉ということ。

そこで、「この人は、どこがどのように優秀なのか」を、一言で言えるようにしておきましょう。そうすれば、ほめ言葉はより確実に、紹介相手だけではなく、紹介される本人にも意外な驚き、嬉しさをもたらします。

「○○さんは、先日、この分野でこんな成績を上げたんですよ」

「わが社のあのヒット商品は、彼のアイデアがもとなんです」

仕事のうえでの優秀さだけではありません。

「彼がいると、場がすごく、なごやかになりましてね」

「彼女の出してくれるお茶は、なぜかすごくおいしくて」

「新人たちに、すごく頼りにされているんですよ」

一人一人の長所となる特徴を、キャッチフレーズ的に考えておいてもいいのではないでしょうか。

そのときに注意すべきことは、「彼が評価されたがっているポイントを的確に表現する」ことです。

「○○さんはあの○○大学卒なんです」

こんな紹介も、本人が日頃、「学校なんかどこでもいいじゃない」と考えているタイプだとしたら逆効果です。

「美人」「実家は財閥」あるいは「有名な老舗《しにせ》の娘（息子）」といった個人情報もケースバイケースですが、基本はＮＧです。

一人の人間を適切に表現するためには、観察力、表現力、場の雰囲気や相手のニーズを読むといった高度な技術を必要としますが、ハマったときの効果は絶大。やらない手はありません。

紹介した人に強い印象を残すだけではなく、紹介された本人も喜ぶのは確実。

「この人、僕のこういうところまで見ていてくれるんだ」

「そんなにほめられるほどではないのに」

そんな感想を抱くはずです。つまり、人前で自分を「上げ」てくれ、なおかつ人も紹介してくれるあなたは、ビジネスパートナーにとって、価値ある人間に間違いないということなのです。

人は、自分に興味をもってくれる人に自然と好意を抱きます。

同時に、ビジネスの場では「役に立つ」と思う人に好感をもつのです。

古今東西の成功者はこのセオリーを知っていたからこそ、独自の「上手な紹介フレーズ」を用意し、ビジネスの場で駆使《くし》していたのかもしれません。

人から情報を引き出す質問力のつけ方

誰かに質問するとき、質問する側には大きくいって二つの理由があります。

一つはもちろん、情報を得たいため。

もう一つは、相手への興味からです。

後者も一見、なんらかの情報を得ようとしているかのように思えますが、返ってくるものとしてつねに情報を期待しているとは限りません。

このようにわざわざ質問の理由を二つ挙げたのは、情報収集と、相手への興味あるいは相手に興味をもっていると思わせるための質問とを、混同している人が多いからです。

以上を念頭に、人から情報を引き出すためのポイントを箇条書きにしておきます。

❶具体的な答えが返ってくる質問をする

記者やものを書いている人は、質問で得た情報によって文章を書くわけですから、いざ執筆する段になって、自分がいかに曖昧《あいまい》なその場しのぎの質問をしたかがわかります。

ビジネスの現場でも、たとえばそれが本当に必要なデータであるなら、より具体的な数字や例を聞いていかなければ、あとで「何を聞いてきたんだ！」と上司からカミナリを落とされるはめになること必至です。上司に報告できないような事柄は、情報とはいえません。単なる噂話か、ジャンクなネタにすぎない。

「好きな本はなんですか」という質問に対して本の名前が出たら、タイトル、著者名の確認などは必要最低限の情報です。「著者は誰ですか」とその場で聞く時間がない場合は、必ずあとで調べる。こういったことも、初歩的な質問力です。

❷因果関係、時系列、人間関係など、当人しか知り得ない情報は、必ず確認しておく

時間が限られているのなら、自分が調べればわかるような客観的データはあとまわしにして、「この人に聞かないとわからない」質問にしぼることです。

❸その分野に関する基礎的な情報はあらかじめ仕入れておく

靴の業界で、たとえば女性用の靴を年間六十億円売り上げている企業の責任者に話を聞くとします。女性の靴のマーケットはどのくらいの規模なのか、そのなかで六十億円というのはどのレベルにあるのか。一足いくらとして、では年間何足売れていて、それは全女性の何%に当たるのか。こういうデータをあらかじめ知っておいて会うのと知らないで会うのとでは、相手に与える印象は格段に違ってきます。もちろん、仕事でそのデータを使うにしても、格段の差がつくことでしょう。

他業界の人との会話では、その手の数字、基準値がかなり違うものです。それを知ることなしに話をしても、「コイツ、わかってないな」と思われ、悪くすると会話を打ち切られてしまいます。おざなり以上の情報を得ることができないのは、言うまでもありません。

❹バカな質問をする

予備知識はもっているにもかかわらず、あえてバカな質問をすることで相手のキャラクターを引き出す方法もあります。

記者というのは、知っていて当たり前というところがあるので、逆に言えば知らないことでも知ったかぶりをし、初歩的なことは質問できないという人が多い。けれどバカな初歩的な質問が本質を突くことはよくあるのです。

たとえばハーバード卒の先生に「ハーバード大学って有名ですけど、なんでそんなに有名になったんですか？」という質問をあびせる。相手にしてみれば自分の出た大学ですから、あわせて根拠となる事実、データを並べてくれるはずです。おまけに卒業生のうち有名になった人など、さまざまなネタも手に入ります。

❺わからないことはわからないと言う

先の方法とつながりますが、こちらが知らないと素直に言うと、「そんなことも知らないの」と、相手は質問者より優位に立った気分になり、一から教えてくれるものです。その場合、「勉強不足で恐縮ですが」と一言添えておく。ただし、この場合も基礎知識を調べておくのはまさに「基本」で、そのうえで、わからないことはわからないと素直に言う、この大原則を忘れてはいけません。

❻目を合わせている最中に質問する

これはとくに重要な情報を得る場合に必要です。相手が本当のことを言っているか、ウソをついているのかを見抜くために目を見る。

もちろん、目を合わせながら平気でウソをつく、したたかな人物もいますが、多くの人は、ウソをつくとき目をそらすものです。

❼仮定の話をしてみる

仮定の話をすることで、内容がわかりやすく、本質を突いたものになることがあります。

たとえば、投資で成功した人に「もし、○○さんが学者になっていたら、今頃どうしていましたか？」と聞くと、「いや、それだとうまくいかなかったと思う。私が株で勝つことができたのは、△△が理由だから」という答えが返ってきて、その人の能力の本質を知ることができます。

また、「もし今、一億円あったら何をしますか？」という質問をすることで、その人が本当にしたいこと、大切にしたいことを知ることもできます。

✔常識以上の「使える」ビジネスマナーを身につける

このところビジネスにおけるマナーが見直されています。

「千円からお預かりします」などのいわゆるマニュアル語のおかしさが取りざたされ、それにともなって、不自然なていねいさまで糾弾《きゅうだん》されています。

要は、正しい日本語や適切なマナーをＴＰＯに応じて使える人が少なくなったということです。

だからこそ、仕事の世界で、きちんとビジネスマナーを使いこなせる人は、貴重な人材となります。ポイントを絞ってご紹介しましょう。

❶相手が何で報酬を得ているか知っておく（相手のお金について知る）

たとえば弁護士にパーティで会うと、ここぞとばかりに質問する人がいます。

弁護士は、その質問に答えることで金銭を得ているのです。一時間いくらという報酬体系を無視するような質問は絶対にしてはいけません。専門的な知識が得たければ、きちんとお金を払って別の機会に質問するべきです。

❷相手が年下でも敬語を使う

日本の企業では、年下の男性に向けて、上司が「○○クン」と呼ぶことがままあります。仕事をするときには、相手が何歳であろうと、きちんと「○○さん」と呼ぶべきです。

ライターとして編集プロダクション事務所に所属していたときの上司が、「滝沢クン」を「さん」づけで呼んだら、うちとけてもらえたと話していました。

どんなに年下でも、その道のプロとして話を聞くときには「さんづけ」が鉄則。まして「タッキー」「キムタク」といった愛称で呼ぶのは御法度《ごはっと》です。

取引先の担当者がいかに若くみえても「タメぐちは厳禁」と覚えておきましょう。

❸この仕事によって、相手にどんなメリットがあるか考える

今、自分がもちかけている仕事なり話なりで、自分はともかく相手にどれだけメリットがあるのかをつねに考慮してください。

ただ「お会いしましょう」というのは、忙しい相手にはタブー。「アポは具体的な用件とセット」が鉄則です。

仕事をもちかけるときは自分のメリットだけを考えがちですが、相手が乗ってくるためには、相手のメリットを考え、それを説明することです。そうすれば信頼を得て、相手のやる気を何倍も引き出せるものです。

❹複数の人がからんできたときは、紹介者の顔を立てる

誰かに紹介された人物と組む場合、必ずその紹介者の存在を忘れずに。その人がいたからこそ、仕事ができるのです。

ましてプロジェクトが成功したあかつきには、紹介者にもお礼の言葉だけではなく、なんらかのかたちで感謝を表す行動をするべきです。

❺一緒に仕事をする者同士、お互いをほめながら紹介する

一緒に組んで仕事をしている場合、お互いに言いたいことを口にするのは必要ですが、長所を口にすることで、より遠慮なく本音が言いあえるようになります。

長所や愛情を当然のこととして、あえて口にしないために、関係がねじれていく場合があります。親子や恋人でも、「好きなのは当然じゃない」と、あえて表現しない

から誤解を生むケースはあるもの。まして他人なら、相手の良さを口にしないと、もっと誤解を生むことが。

ほめ言葉は直接相手に言うとお世辞と聞こえる場合がありますが、人に紹介するときにほめると、先に述べたとおり「こんなふうに思ってくれていたんだ」となって、効果は絶大です。

第4章

「伝説の社員」になれ！

「一億円あったら?」という妄想は人生を映す鏡

「一億円あったらなあ」

想像してもしかたのないような想像を、ときとしてするのが、人間の人間たるゆえんです。

人が宝くじに群がるのも、芸能人や野球選手が凡人の夢をかき立てるのも、今の生活に一億円あったら、なんでもできるような気がするからでしょう。

ではここで、「想像してもしかたがない夢」、すなわち「もし一億円手に入れたら?」を、理性をかなぐり捨てて妄想してみることにしましょう。

そうすることで、逆に現実の輪郭《りんかく》がくっきりしてくるからです。妄想という虚構《きょこう》の光を当てることで、自分の望みを浮きぼりにするのです。

そもそも、人はなぜ一億円にこだわるのか。

男性が一億円欲しいと思うのは、一億円あればいつでも会社を辞められるからです。

バカな上司に怒鳴られたら、タンカを切って会社を辞めることができる。営業先の担当にエラそうな態度をされても平然としていられる。

一億円ありさえすれば、今、感じている屈辱から逃れることができる。一億円で買うものは、男性の場合、モノではなく夢であり自由なのです。

男にとって一億円という金額は、武士が懐《ふところ》に忍ばせた刀のようなもの。イザとなったら使える武器をもっている――そんな感覚です。

これが女性となると、宝くじを買う場合も、少し違ってくる気がします。

女性の場合、金額も「一億円ではなく三千万円くらいでいいわ」ということになる。一億円という金額は、女性にとってあまり現実的ではないのかもしれません。

ところが三千万円なら、一人暮らしにちょうどいい広さのマンションを購入できるくらいの金額です。

『毎月10万円は夢じゃない！「株」で3000万円儲けた私の方法』（ダイヤモンド社）という山本有花さんが書いた本は、ベストセラーになりました。

同時期に同じ出版社から「株で三億円をつかむ」というような本が出ましたが、「三千万円」ほどには売れていません。同じ稼ぐなら三億円より三千万円のほうが、「主婦」としてはより現実味があったということなのでしょう。

外資系の会社で何億円も稼いだとか、株で何億円もの利益を得たという理由で、マイアミやカリフォルニアで引退生活をする人がいます。

現世の雑事を忘れ、ストレスからも解放されての贅沢三昧《ざんまい》の日々は、夢を実現したように見えます。

しかし、彼らのなかにはノイローゼになってカウンセラーの力を借りたり、無気力になり、自分はなぜ生きているのかわからないと自殺する人までいるそうです。

彼らほどではありませんが、僕はたったの二週間、ゴージャスに遊んだだけで落ち着かなくなった経験があります。

ある程度の年収が得られるようになったとき、ギリシャの一流ホテルに泊まるという長旅を実現したのですが、感動がさめたとたん、退屈になってしまったのです。

一億円あろうがなかろうが、遊びは人生のメインにはなりません。金を抱えてリタイアするより、一生、面白い仕事をするほうが、よほど生き甲斐がある人生ではないでしょうか。

今、あなたが仕事に不満を感じているなら、「一億円あったら、その不満はすべて解決できるのか？」を想像してみましょう。

一億円あれば、今すぐ仕事を辞めても、とりあえずの生活には困らないでしょう。

ではその後は？

結局のところ、また振り出しに戻るだけです。

「自分は、どんな仕事に向いているのだろうか？」という、就活で懸命になっていた頃のあなたに戻るにすぎないのです。

一億円あったらという妄想は、あなたがこの人生で何をやりたいのかを見せてくれる鏡のようなもの。

ときには、このような妄想で遊びながら、けれどいつか実際に一億円稼げるようになるために何をすればいいのかを考えましょう。

自分の手で稼ぎ出したお金は、百万円だろうと一億円だろうと、その金額以上の価値があります。お金だけでなく、人脈、アイデア、自信、実績がついてくるのです。

最後に勝つのは能力より「バカになれる情熱」

能力というのは数字で表せるものですが、情熱というのは曖昧で、まさに情緒的。ビジネスにおいて、能力と情熱を比較すると、断然、能力に軍配が上がると思いがちです。

しかし少し考えればわかるように、能力とは最初から存在するものではありません。能力とは情熱から派生してくるもの。なのに僕たちは普段、それを忘れています。

情熱があるから能力が生まれてくるのです。

能力は、最初はゼロ、それでいいのです。

ソコソコ出世する「スーパーエリート」は能力に秀でています。

とんでもなく成功する「伝説の社員」と呼ばれる人は、情熱なら誰にも負けないのです。

「やる気があるのはわかるけど、あの人、カラまわりしているよね」

陰ではそう言われ、使うエネルギー量と成果が比例せず、熱がもれてまわりを暑苦しくさせてしまうタイプの人がいます。

一見、かなり格好悪いし、クールに構えたほうがずっと利口だと思う人もいるでしょう。

しかし、それは最初のうちだけです。

エネルギーが、いったん要所にがっちり組み込まれると、それは何倍もの効果をもって返ってきます。

世の中に確実なことは何ひとつありません。昨日までのトップ企業が今日は倒産の憂《う》き目をみたり、危なかった企業がいきなり合併によってトップに躍《おど》り出たりします。その傾向は、最近とみに激しい。

ベストセラー間違いなしと発売された単行本がコケることもあるし、売れ行きを期待されなかった本が、ちょっとしたきっかけでベストセラーになります。そのちょっとしたきっかけが、書店員さんの情熱だったりするのです。

「絶対に○○部は売りますから、この本を僕に預けてください」

アマゾン時代、僕は出版社の人にお願いしたことがあります。

「この書籍は売れる！」と見込んだ本を、自分の手で実際に売って、大ヒットさせてみたかったのです。ほかの書店で売れるのを待ってブームのしっぽに乗るより、自分がブームをつくり、ブレイクさせたかった。

「土井さんがそう言ってくれるのはありがたいけど……」

出版社の人はとまどいを隠しませんでした。「……」のあとに来る言葉は、「売れなかったらどうしてくれる」というものだったと思います。

出版社としては、できるだけ大手の書店に本を卸《おろ》すことで、確実に売り上げたいわけです。

アマゾンにそれだけ出荷したら、部数が限られているので、ほかに出すことはできません。出版社としても賭けなのです。アマゾンで売れなければ、会社が傾く可能性もあります。

「売れなかったら、僕が自腹で買い取りますから。この本をまだ絶版にしたくないんです」

さらに、独断でこうお願いしました。今、在庫としてある部数だけではなく増刷してもらうとなると、もっと大きな賭けです。僕自身、口ではそう言いながら、冷や汗をかいています。

これだけの冊数を増刷すると、仕入れ値だけでも三百万円を超えます。売れなかったときには自分の貯金を全額下ろして買い取らなくてはならない。売れなかったら、自分で行商人のように売り歩くしかない……。

足を棒にして本を売る夢を見て、汗びっしょりで目が覚めるような経験もしました。

「土井さんは、なんのためにそこまでするの？」とたずねた人がいました。

「バカになっているから」と僕が答えると、彼女は呆れていました。

たしかにバカげています。自分の貯金まで下ろす覚悟で出版社に交渉するより、仕事として配られた冊数だけ売ればいいじゃないかというのもわかります。

しかしこの行為は、自分自身への賭けでもあったのです。会社という舞台を使い、自分のカンや情熱がどのくらい通じるかという、賭け。

何かに惚《ほ》れたら、バカになるほど惚れられる対象に出会ったら、自分を賭けてみる。成功したければ、そんな無茶も必要です。

要領よく、合理的に考えられる範囲でしたことでは、それ以上に突き抜けた成果を出すことはできません。計算ずくで行動する人が大多数のなかで、バカがつくくらいの情熱で行動する人は、付加価値が高くなるのです。

ピンチのときに賭けに出てこそ、勝利が待っているケースもあります。野球でいえば、「一対ゼロ」、九回裏の、ツーアウト満塁。

この状態でマウンドに立つと、人はどうしても「打たれたらどうしよう」と、リスクのことばかり考えてしまいます。

しかし、「ここでおさえればヒーローだ」とバカになって突き進めば、状況はまったく変わるかもしれないのです。


失敗したら、それをまたデータにすればいい。

賭けに負けても、取り返しのつかない借金ができるわけではありません。もちろん、次からは慎重になりますが、それも経験、データのひとつです。

合理的、計算ずくではない人生の仕入れをどれくらいやっているかによって、将来の付加価値には大きな差が出ます。

それは年月を経るにつれ、能力以上の価値になっていきます。

自分の「当たり前」も、他人にとっては新鮮

僕の知りあいにインターネットで日本一ミカンを売る人がいます。

「紀伊国屋文左衛門本舗」という名で、和歌山のミカンを売っています。

彼が和歌山ミカンを売ろうと思ったきっかけは、京都旅行。旅館で出されたミカンを口にして、あまりのまずさに驚いたからだそうです。

和歌山で育ち、和歌山でできたミカンの味を、これが普通だと思って食べてきた身には、京都のミカンは同じミカンとは思えなかったのです。

「京都のミカンより、自分の故郷の和歌山のミカンのほうが断然おいしいなあ」

これで終わっていたら、今の彼はなかったでしょう。

「ひょっとしたら、自分たちが当たり前に食べている和歌山ミカンは、どこのものよりも甘く、おいしいのかもしれない」

彼がそう考え、インターネットで売りはじめた点が、成功のタネとなったのです。

もうひとつのエピソードは、僕が大学生の頃の話です。凍《い》てつくような寒い日で、

駅の改札を出る人は皆、家路を急いでいました。ちょっと歩いた坂道を通りかかると、大勢が行列をつくっているのが見えます。寒さをしのごうと足を小刻みに動かし、それでもおとなしく順番待ちをしているのです。

見ると、焼きイモ屋さんです。「なーんだ」と思い、いったんは帰ろうとしましたが、「こんな寒いのに、みんなが並んでまで買うなんて、そんなにおいしいんだろうか」と、好奇心を刺激された僕は、列の最後尾につきました。

順番が来て、焼きイモを売っているおじさんの顔を見たとたん、僕は多くの人が順番待ちをしてまで、その焼きイモを買おうとする理由がわかりました。

おじさんは満面の笑みで客を迎えているのです。寒さで顔も凍りそうなのに、寒さも吹き飛びそうなほどの温かい笑顔がそこにありました。

寒いときに寒そうな顔をする。当たり前です。

寒いときに暖かそうな顔をする。誰でもできるわけではありません。

人が苦手とすることを、トイレ掃除でも力仕事でも、率先してできる人は貴重です。

僕がビジネス書の仕事をしようと決めたのは、グロービス代表の堀義人さんにインタビューしたとき、「そんなに毎日ビジネス書を読んで大変じゃないですか？」と言われたのがきっかけです。

ハーバードでMBAをとった人が大変だというくらいのことを、自分は楽しみながらできて、カンどころもわかっている。人がなかなかできない、けれど自分はそれをやるのが楽しい、嬉しいというものをやろう……。素直にそう思ったからでした。

自分にとって当然なことが、ほかの人にとっては新鮮な驚きということは往々にしてあります。その他人の驚きで、何か新しいことができないか考えてみましょう。

アメリカに行き、アメリカの話をしてもしかたがありません。なのに、なぜか自分はアメリカのことをこんなに知っていると吹聴《ふいちょう》する人は多いものです。相手におもねっているなど、その心理はいろいろ説明できますが、要は自分の国や故郷のことは当たり前すぎて、相手が興味をもつはずがないと思い込んでいるのです。

僕がアメリカにホームステイしたとき、寝泊まりさせてくれたファミリーはドイツ出身でした。第二次世界大戦で同盟国だった日本人の僕に親近感を抱いたのか、自分はヒットラー・ユーゲントだったという経歴まで話してくれました。

戦争の話が好きで、遠く日清、日露戦争の話までする。日本の戦争のときの話など、祖父からおぼろげに聞いていた話まで総動員して披露すると、すごく喜ばれました。

もし、社長など偉い人と話す機会があったときには、あなたが現場の人間なら現場のことを話す。学生なら、今の学生の現状、傾向といったものを話す。主婦なら、自分にとって当然な日常的なことを話すのです。

その場にいる大勢にとけ込もうとして、その場にいる誰もが知っている、やっていることをやるより、自分にとっての当たり前を見直してみてください。

それは他人にとっては新鮮なことかもしれません。

多くの人がやっているから、あるいは就職に有利だからと英語を学ぼうとする人が多すぎます。ＴＯＥＩＣ九百点という人がゴロゴロいるなかで、今さら英語をがんばってもどうしようもありません。やるならやるで、希少価値になるぐらいのレベルまで極めるべきです。

それは外の目で自分を見ることにも通じます。それは日本人だから日本語を話すというくらい当たり前のことです。それプラス、自分にとっては当たり前で、人にとっては新鮮なことを発見するのが大事です。

マーケットとはつねに需要と供給で決まり、希少価値があれば値が上がる。

自分の当たり前が希少価値かもしれない、この「幸福は身近にある」といった青い鳥的な発想で自分を見直せば、多くの発見があります。

「ちゃちなプライド」より「正しい自尊心」をもつ

仕事とストレス。

切っても切れない関係です。

ストレスから逃れるために、「ストレス知らずの○○」とか「ストレスを生かす」といった本に頼り、テレビに頼り、占ってもらったりカウンセリングに通っている人もいます。

仕事をしている限り、いや生きている限り、ストレスをなくすのは不可能です。

一病息災《いちびょうそくさい》、つまり病をもった人のほうが、身体に気をつけるので長生きできるように、ストレスという心の重荷は、すべてなくしてしまおうと考えるより、必要悪と考え、ともに生きるくらいの気持ちでいたほうがいいかもしれません。

そんなストレスに負けないために必要なのは、自尊心です。

ストレスがたまるシーンは、日常にあふれています。

たとえば会社で、「君、この書類には間違いがあるよ」などと指摘されたら、「わかりました」と謝りつつ、すぐに訂正すればストレスを感じずにすむのです。しかし、たいていはそうなりません。多くの上司は単刀直入に間違った部分だけを指摘してくるわけではないからです。

「どうして、こんなことを間違うんだろうね」

「こんな初歩的なことも知らないの」

イヤミや人格攻撃、あるいは「前にもこんなことあったね、君、この仕事は向いてないいんじゃないの」といった過去のあやまちを掘り起こす上司もいます。「まったく君という人間は、使いものにならないね」などといった人格の全面否定にいたることもあります。

一瞬、相手に殺意を抱いた……。そんな覚えが誰にでもあるのではないでしょうか。

こうした全面攻撃に抵抗する盾となるのも、自信や自尊心なのです。

「この人はこう言っているけど、僕はこの仕事に向かないのでも、使いものにならない人間というわけでもない」

冷静にそう考え、相手の否定に動じないだけの自信と自尊心。それがあなたの心と能力を守ってくれます。

上司の判断がすべて正しいとは限りません。けれど、上司が勤務評定をしたり、勤務態度を判断するのもまた事実。そこには「正しい」「正しくない」以外の複雑な要素があります。それゆえに人はストレスを感じるのでしょう。

しかし、複雑な要素というのはまた複雑であるがゆえに、本人には操作できないものでもあります。いわば合気道の試合で投げられるようなもの。ヘタな人がまともに受けるとケガをすることもあるけれど、練習さえすれば、相手の力を受け流すこともできるようになります。

9

相手の皮肉やイヤミを、そのままストレートに受け取るのではなく、「部分否定」で受け取りましょう。

相手の言葉から、全面否定の部分、「この仕事には向かないんじゃない」「使いものにならないな」といった部分を、喉に刺さる魚の骨のようにていねいに取りのぞき、自分が犯した間違いの部分、「書類のなかの文字の、あるいは数字の間違い」の部分だけを、素直に訂正していくようにする。

そうすればムダなストレスを感じることなく、自尊心もそこなわずにすみます。

作家の村上春樹氏は、自分で翻訳した本を出版するとき、英語の達人に間違いがないか見てもらっていたそうです。

村上氏は翻訳が本職ではないので、当初、細かい間違いをすることもあった。二人のあいだに訳し方や考え方の違いも出てくる。そこで双方が話しあいをしていくのですが、間違いを指摘されたり、また指摘したりするとき、お互いのプライドや人格の分野にまで侵入していく人は非常にやりにくい。

村上氏はこのようなことを言っていました。事務的に淡々とやっていくほうが、能率はあがるし、ストレスにもならない、と。

間違いや考え方の違いが自意識まで侵食していく人は、間違いを訂正するのに抵抗があるので、何事も上達しにくいとも言われています。


「なにくそ」という負けず嫌いが能力を伸ばすこともありますが、ブレーキをかけながら進むようなもの。いつかエンジンはこわれてしまいます。

ちゃちなプライドでなく、正しい自尊心を身につける。

それでこそストレスに負けず、目指すゴールにたどりつける強い人になれるのです。

誰からも好かれる人なんて価値がない

出会った人の名前と顔はすべて覚えるという、ビジネスのセオリーがあります。自分の名前と顔を覚えてもらえると、人はその人に好意を抱くようになります。

僕自身それを、試したことがあります。

高校時代、所属していたテニス部でのことでした。まず名簿を見て全員の名前を覚え、実際に会ったときに名前と顔を一致させる。次に会ったとき、名前を呼びます。

「○○さん、△△さん、よろしくお願いします」

部室のドアを開けると、すでにそこにいる先輩の名前を口にして、あいさつする。試合の前には「○○さん、お願いします」そして終わったあとは、「○○さん、ありがとうございました」。

練習が終わったあとの水飲み場では、「○○さん、今日の練習ではボレーがうまくいきましたよね」と話しかけるといったぐあいです。

「えっ、もう名前を覚えてくれたのか」

「すごく記憶力いいですね」

直接的なウケもいいし、「土井ってやつは感じがいい」「いい人ですよね」とクラブ内での評判も上々でした。

高校時代の僕は、外交官志望でした。

もともとの性格はそれほど外向的ではありません。人といるより本を読んでいるほうが気がラクなタイプでしたが、外交官志望ならば社交的なキャラクターをつくる必要があると思い、さまざまな面で努力していました。

名前を覚えるのはその一環で、誰からも好かれる人間になるという、僕なりの決意の表れだったのです。

ところが「感じいいよね」との評判のなかにも、「いちいち名前を呼ばれるのは、うるさい」「不自然」「人に好かれようとしているのが見え見えでイヤ」という声も聞こえてきます。

「好かれよう」「いい人でありたい」

ムリをしてまで好かれようとすること自体を嫌がる人もいるとわかったときには、ショックでした。

好かれようと努力するのはいいのですが、それは相手にこびることではないと知っ

たのです。

大学に入学すると、性格がよく誰にでも好かれていて、何事にも的を射た評をする女性がいました。彼女は現在、外資系消費財メーカーでブランドマネジャーをやっています。

あるとき、その彼女が「あの人、ちょっとイヤミじゃない」と陰で言われているのを、僕は偶然、耳にしました。

「彼女が陰口を言われるんじゃ、僕なんかとてもダメだな」と思いました。それがきっかけで「みんなから好かれようという呪縛《じゅばく》」から自由になれたと思っています。

彼女はまた、思い切ったことをする女性で、あるときずっとストレートだった髪をカールし、すごく奇抜《きばつ》なスタイルになって現れたことがあります。

「土井ちゃん、この髪型どう？」

会うなり、彼女は僕にたずねます。

「うーん、あんまり似あってないよね」と正直に告げる僕。

「ありがとう、その言葉が聞きたかったの」と彼女。

ほかの人は、本当のことを言ってくれない。とりあえず「似あっているね」と当たりさわりのないことを言う。

自分でも「この髪型は失敗したな」と感じていた彼女は、それを使って人の反応を試そうとでも思ったのでしょう。

思ったことを口にした僕に対し、「土井ちゃんだったら、本当のことを言ってくれると思って聞いてみたの」と彼女は言いました。

彼女の言葉は、人によってはイヤミととるかもしれません。しかし、僕の個性である「ものをはっきり言う強み」を気づかせてくれるきっかけになりました。

誰にでもモテることと愛されることが違うように、誰からも好かれる人とは、誰からも価値を認められない人です。

誰にでもモテるのは気分のいいことでしょうが、そのこと自体には、なんの価値もありません。

単に好かれるより、仕事や人格そのものに関心をもってもらうほうが、つながりは深くなります。関心をもってもらったら、つねに変わらない自分の強みや「核」となる部分を見せて、信用してもらうのです。

信用を築くには、「いい人」では意味がありません。

とくに、人脈を広げたければ、好かれるより信用されることを目指しましょう。

自分を知るためには、言葉より相手の反応を見る

僕の会社に所属しているシナリオライターが話していたことですが、ドラマの世界でもっとも重要なのは、登場人物のキャラクター設定だそうです。

では、一人の人物のキャラクターは、どんなふうに表現するのとたずねたことがあります。

「何か事件を起こし、その反応、リアクションで、性格をみるの」

彼女はこう教えてくれました。

危機におとしいれ、そのときどう反応するのか。

ミステリー小説などで、事件が起きるとどう行動するかで主人公のキャラクターを際だたせるのがいい例です。

日常的なちょっとした「事件」は、自分の手で起こすことも可能です。

たとえば、火災報知器をわざと鳴らしてみます。

一目散《いちもくさん》に逃げていく人、原因を探すべく立ち上がる人、すぐに消防署に連絡する人、

まず子どもを逃がす人と、さまざまでしょう。

これらの行動だけでも、その人がどんなキャラクターなのかが、おぼろげにでもわかります。

現実でもそれは同じです。ことが起きたときに、その人の性格がもっともよく現れるというのは、誰でも経験があるのではないでしょうか。

9 ビジネスの世界でもやはり、その人の言葉より反応に敏感になったほうが、性格を読みとれます。

僕はセミナーで受講者に、「まわりの人は、あなたの性格を、どんなふうに言いますか」とたずねることがあります。

「優しい人」「いい人」「明るい人」

人の性格を表すとき、こんな言葉を口にしたり、思い浮かべる人が多いのではないでしょうか。

当たりさわりのない、誰にでも当てはまりそうな言葉です。

「優しい人」「明るい人」というほめ言葉も、社交辞令ならそれでいいのでしょう。

でもシビアなビジネスの世界では、そういった抽象的な言葉は通用しません。

こんな評価を真に受けているうちは、正しく自分を認識できていないのです。**けれど、反応やリアクションは正直です。頭で損得を考える前に、身体が反応してしまうからです。**

自分は人からどう見られているのか。

なぜ自分は、このグループでは浮くのか。

それがわからないと、誰かと共同で、あるいはチームでビジネスをしても、どこかでギクシャクしたり誤解されたりして、仕事そのものがうまくまわらなくなります。まったく違うジャンルの人たちともコミュニケーションを取る必要がある場合は、なおさらでしょう。

僕にもそんな経験があります。

大学一年で、栃木の自動車教習所の合宿に参加したときのこと。

メンバーのほとんどは、地元の車好きのヤンキー。東京の私立大に通い、ファッションも雰囲気もまるで違う僕は、彼らになじむことができませんでした。彼らも、勝手に僕に反感を抱き、何かにつけて攻撃してきます。

短い期間とはいえ、同じ部屋に寝泊まりする彼らとは、できるだけ摩擦《まさつ》を少なくしたい。そう思った僕は、食事が終わったあとの自由時間を見はからい、「僕のどこがイヤなの？」と率直に聞いてみました。

ヤンキーたちはおたがい顔を見あわせ、目くばせしていましたが、一人がぼそりと言いました。

「なんだか偉そうなんだよね」

それに対して素直にうなずく僕に、何を言ってもいいと判断したのでしょう。

「イヤミだ」

「態度がムカつく」

次々に印象を口にします。

「どこが悪いか言ってくれる」と聞いても、「なんとなく」とか「いるだけで目ざわりなんだよ」などと言う人もいます。相手側にしても、どこがどのように悪いのか、分析できないこともあるのです。

そういう場合は「俺って言葉がキツいとよく言われるんだけど」と、具体的に自分の欠点をさらけ出してみると、相手も言いやすくなり、いろいろ教えてくれるのです。

繰り返しになりますが、自分がイメージしている自分と、他人が見た自分とにはギャップがあるのが当然です。

自分では当たり前の話し方も、ほかの人が聞いたらキツい、厳しい、と聞こえるかもしれません。

あなたは普通の態度だと思っていても、人を寄せつけない冷たさを放っているかもしれません。

「私って、ときどきイヤミっぽいと言われることがあるんだけど、どう思う？」

素直に、お互いがリラックスしているとき、たずねてみることです。

その際にも相手の答えより、しぐさや表情に注目するといいでしょう。

友人や社外の知人など、普段は気を遣うことのない人にこそ、ズバリと聞いてみる。

お世辞や適当に合わせてくれる人の言葉に埋もれていては、決して成長できません。

人が自分をどう見ているのかを知ることは、ビジネスに限らず、どんな場でも役に立つ基本です。

紹介しやすい自分＝「一言で言えるウリ」をつくる

自己イメージと他人が思っている自分のイメージとのギャップを知る。

これは場を共有している人たちのあいだで、自分一人が異質であることを避ける方法です。とりあえず一体感をもつことで、なんでも言いあえる雰囲気がつくれます。

次のステップとして、悪いイメージは改めるとして、より積極的に良いイメージを「自分のウリ」にすることを考えましょう。

僕のセミナーでは、「自分はどんな人間なのか」を、より突っ込んでわかってもらうために、受講者同士で相手の「品定め」をやってもらうことがあります。

短時間で、相手の性格を正確に見抜くことは難しいので、いわばゲーム感覚でやってもらうのですが、ルールは二点あります。

一点目は、感じたことをできるだけ正直に言う。

二点目は、それに対して決して腹を立てない。

ゲームとはいえ、他人に自分を評価されても、それを受け入れられない人が多いからです。これまでの自分への評価、思い込みが邪魔をしているのでしょう。

「なんだかうさんくさそうに見えますね」

こういう評価をされたら、「そんなはずはない」と、開けっぴろげでおおらかなイメージをつくろうとする。しかしそれが逆に「うさんくささ」を助長してしまいます。

「うさんくさい」というのは、「一筋縄《ひとすじなわ》ではいきそうもない」とべつの言い方をすることができます。「うさんくさい」という表現をした人は、そういうたぐいの人にあまり好感をもっていないのでしょう。

ですから、自分への評価は、とりあえずそのまま受けとる。そのうえで、「うさんくさいけど、いい人みたい」と、別の部分をアピールしてみるのです。

「言葉の使い方は乱暴」だけど、「頼りになる」。

「話しかけにくい」けど、「仕事はきちんとしそう」。

長所と短所があるのは、当然です。

他人から見て、短所より長所を際だたせる自分を演出するのです。

『ユダヤ人大富豪の教え』（大和書房）が大ベストセラーになった本田健氏の出版パーティに出席したときのことでした。

本田氏の書籍がベストセラーになる前から僕は、「これはいい本だ。必ず売れる」と、アマゾンのレビューなどで強力に紹介していました。パーティに出席した頃には、その成果がボツボツ出はじめていました。

「僕の恩人の土井さんです」

そう言って僕を紹介してくれたのはいいのですが、そのあと本田氏は「毒舌で有名な」とつけ加えました。「辛口なんですよ」とも。

アマゾンでレビューを書くとき、著者に配慮して、相手を傷つけないように書いているつもりだった僕は、本田氏の一言で、それが一人よがりだったことがわかったのです。

悩みつつ書いた結果、毒舌であり辛口の評になっていた。けれど、その毒舌、辛口を、著者は決して嫌がっていないこともわかりました。むしろ正確な評として受け止めてくれていました。

それから、本田氏の僕への評、「書評に関しては毒舌で辛口の土井」を、トレードマークとして使わせてもらうようにしました。

すると、驚くことにビジネス書業界全体で、あっと言う間に僕の名前が噂されて、広まってしまったのです。

9

キャッチコピーひとつで商品の売り上げが大きく変わるように、自分を売るためにも、わかりやすいキャッチコピーをつくるのです。

これが「伝説をつくるためのタネまき」です。

ワコールの創業者である塚本幸一さんも、自分のことを「女性下着を売っているスケベオヤジです」と言ったとたん、売れるようになったそうです。

「営業成績ナンバーワンを目指す○○です」

「ユーザーの立場が第一と考える○○です」

現在の自分ではなく、こうなりたい自分でもいいのではないでしょうか。それを言い続けることによって、「それではナンバーワンになれないよ」と相手に忠告してもらいやすくするのです。

思いきった願望を口にしてさらけ出す。

それについてのアドバイスに耳を傾けながら、実際にそうなる方向に努力する。

するとまわりの人も苦笑しながら、協力してくれるようになります。

ナンバーツーの美学を知る

一流の人とふれたとき、ああ、自分はトップには立てないなと実感したという経験を述べました。そのおかげで、自分にふさわしい場所を見つけていけると。

それでもその業界に魅力を感じているとき、離れられないとき、一流の人をサポートしていくという方法もあります。

ホンダの藤沢武夫氏。社長である本田宗一郎氏をサポートすることに存在価値を見つけた人物です。

本田宗一郎氏はカリスマで一流の経営者ですが、それだけにアクが強い。まわりの社員に向かって、「おまえは明日から会社に来なくていい」などと暴言を吐く。

一方の藤沢武夫氏はどちらかというと無口な人でしたが、実質、ホンダの経営を支えたのは彼だったのです。

本田宗一郎氏が技術者として仕事に専念できるようにするため、資金調達から何から一手に引き受け、最後まで裏方に徹した、最強のナンバーツー。

彼の活躍がなければ、現在の世界企業、ホンダは存在しなかったのです。

誰もがナンバーワンになれるわけではありません。なる必要もありません。ナンバーワンのナンバーツーになればいいのです。

僕は高校のテニス部にいたとき、それに気づきました。

僕の二つ上の代のテニス部は、秋田県のベストエイトの六人を占める強さで、そのなかにチームでナンバーツーの、すごくかっこいい先輩がいました。

彼は東北大会では必ず勝ちます。というのはテニスの団体試合は、基本的にはナンバーワンはナンバーワン同士、ナンバーツーはナンバーツー同士でやっていくからなのです。

彼は、その試合で必ず勝つため、「東北ではいちばん強いナンバーツー」でした。

その彼を評して、ほかの先輩がつぶやいた言葉があります。

「あいつは、ナンバーワンのナンバーツーだな」

ナンバーワンのナンバーツーか。

なるほどと、そのとき僕は思いました。自分の役割のなかで、ナンバーワンであればいいんだなと。

僕自身、人をサポートする役割が好きで、そのなかでナンバーワンになればいいと思っています。

ナンバーワンをプロデュースするナンバーワン。

自分のその役割に気づいたのも、テニス部にいたときでした。

やはり先輩に、万年ベスト三十二位くらい、よくて十六位くらいの人がいました。彼のボールボーイをやっていたとき僕は「ここは、こうしたらいいんじゃないでしょうか」「相手の弱点はここだから、ここを突いたらどうでしょう」と具体的な意見を言っていました。

彼は僕のアドバイスが的を射ていると認め、「土井と一緒にいると、勝てる気がする」と重宝《ちょうほう》がってくれました。結局、先輩はその大会で準優勝しました。

優勝を決める試合で、負けた理由もはっきりしていました。技術的に劣っていたのではなく、ナンバーワンの相手に萎縮《いしゅく》したのが敗因だと僕は分析したのです。

決定的だったのは、先輩がショットを打ったとき、ナンバーワンの相手が発した「ワオオオ!」という吠えるような雄叫《おたけ》び。先輩は、その声と迫力にシュンとなってしまったのです。それさえなかったら、彼は優勝していただろうということも、僕にはわかりました。

そのとき、アドバイスした人やチームの実力がどんどん上がっていくのを見るのが自分はすごく嬉しく、的確なアドバイスで、人や技術はこんなにも変わるものだと、実感として知ったのです。

アドバイスすることで人を勝たせるのも、立派な才能です。僕はその才能を花形プレイヤーとしてではなく、テニス部のボールボーイで開花させたと思っています。

ことを成すには、一人一人が自分の役割をしっかりと認識することが必要不可欠。たとえ自分の役割が地味で目立たないものであっても、地味で目立たないことこそ、必要かつ重要なのです。

ボールボーイには、花形選手の派手さはないけれど、試合を客観的に見られるという特典があります。

人にはわかりにくい美学を見つけたとき、その人は本物の輝きを身につけたと言えるのではないでしょうか。

自分をブランド化するお金の使い方

「何を食べているか言ってごらん。君がどんな人かを当ててみせよう」

こう言ったのはフランスの美食家で『美味礼賛』（白水社）の著者ブリア・サヴァランですが、その人をかたちづくっているのは、何にお金を使ってきたか、あるいは使っているかということです。

あなたは、現在の自分をつくっている、もっともお金をかけてきたものはなんなのだろうと考えてみたことはあるでしょうか。

車、旅行、衣服や化粧品、パソコン、オーディオ、ビデオやカメラ。僕たちはさまざまなものにお金を使っています。

大富豪なら別ですが、一般の人にとってはお金が無限に使えるなど、あり得ません。それゆえ、限られた金銭を何に使うかで、その人の価値観、人生観がはっきりするのです。

私立の学校の授業料や塾の費用を惜しまないといった教育熱心な家庭に育った人は、それだけ教育にお金をかけていると計算するかもしれません。けれどここでは、親に出してもらったお金より、自ら進んでお金を使った体験にしぼることにしましょう。塾や勉強、バレエやピアノのレッスンといったことも、自ら進んでやった場合は、カウントされることにします。

その対象物にお金を使うときだけは惜しいとは思わない。それどころか生き甲斐を感じる。そういった対象が、その人をかたちづくるのです。

僕自身を振り返ると、使って惜しくないお金は何に対してなのか。

それは情報、体験です。

僕は二〇〇四年、アテネ・オリンピックの開会式に行きましたが、チケットは一枚十四万円。妻と二人だったので、開会式だけで二十八万円の出費になりました。オリンピックという世紀のお祭りの最中ですから、開会式のチケット代だけではなく、飛行機代、宿泊費も平常より高額です。

それでも年収全額をつぎ込んでも惜しくない、借金をしてでも行こう、行かなくてはならない、と思っていました。

学生時代にギリシャに留学して以来、二年に一度は訪れるくらい、ギリシャは僕のアイデンティティの一部になっています。

そのギリシャでオリンピックが行われる。その開会式を実際に体験しなかったら、一生後悔してしまう……。

当時の僕は、アマゾンに勤めていましたが、仕事が忙しいなどの理由で開会式に行けないのなら、会社を辞めようと決めていました。

ほかのことを犠牲にしてでも、あることに思いきって金や時間を使う。それは自分をブランド化するのに、もっとも有効な方法なのです。

最近ではギリシャのサントリーニ島を訪れ、非常に高価なホテルに二泊してきました。一泊十数万円もするホテルで、普段ならとてもそんな金額は払えない、払うつもりもありません。

「ギリシャの話なら土井さんに」と言われるくらい、僕はギリシャにはくわしいと自負しています。それなのに最高級のホテルに泊まったことがないとなれば、僕のギリシャという付加価値はぐっと下がる。

最高級のホテルのシャワージェル、ハチミツの銘柄、ベッドメイクに使われている毛布やシーツの肌触り、窓から見える景色――そんなすべてが、僕にとっては役に立つ情報や体験として積み重なっていくわけです。

時計でも車でも、ブランドを確立するとは、その名前だけで質のいい品物だと証明することです。ブランドが名前だけに安住して品質を落とせば、その名はソク、地に落ちてしまうでしょう。品質を維持するために、内部にいる人々は自らの命を削って高品質を守り続けているのです。

人もそれは同じです。自分というブランドを一般の人が認知するまでには、時間と金、つまり自らの人生のすべてを注がなくてはなりません。

さらにブランドとして認知されたあとでも、品質を落とさないために同様の、いやそれ以上の時間と金を注いでいくのです。

二十代で何千万円もためたという人の話をよく聞きます。それだけのお金を、起業や商売を興すためにためたのならまだしも、貯金のための貯金だとしたら、あまりにもったいない。なぜなら、若いうちは自分に投資したほうが、あとで大きく返ってくるからです。投資熱が盛んな昨今ですが、同じ投資するなら自分への投資がいちばん確実ではないでしょうか。

これまでのあなたの人生におけるバランスシートは、どのようになるのか。

その情報は、あなたという人間がどんな人間なのかという、客観的なデータなのかもしれません。

✔カエルは決して、牛にはなれない

「こんな人になりたい、ああいうふうに成功したい」

あなたには、憧れている人はいますか？

もしいるとしたら、あなたはその人の何に憧れているのか考えてみてください。

自分にないもの――それはお金でも容姿でも魅力でもいいのですが――をもっているからというのが理由なら、その憧れはひとまず捨ててください。


自分に足りないものを知り、それを補うために努力することは、尊いことです。けれど、カエルは決して牛にはなれないし、逆もまたしかりです。


カエルである自分が牛になる日を夢見ても、時間と情熱と労力のムダというもの。

自分はカエルなのに、牛だと思っている人は結構多いのです。

うぬぼれが強く、じつは他人の見るあなたの評価は低いということではありません。

逆に他人の見ているあなたのほうが、自己イメージより高いケースはままあるもの。

鼻の低い人は高い人に憧れる。小さな胸の人は大きな胸になりたいとシリコンまで入れる。けれど鼻の高い人、胸の大きい人を誰もが求めているわけではありません。なのに、鼻の低さや胸の小ささを、なぜ短所と決めつけるのでしょう。

他人の思い込みに振りまわされていませんか。
いや、あなたがそう思い込んでいるだけかもしれません。

鼻や胸の問題が解決すると、別の欠点を見つけてきて、また、それを埋めようとするような人は、永遠にその繰り返しから逃れられないかもしれません。

鼻や胸といったわかりやすい例には、そんな愚かなことはしないと笑う人も、見えない部分で人をうらやんでいるかもしれません。

たとえば、思ったことをはっきり口に出したい、華やかなスポットライトを浴びたい、有名になりたい、トップに立ちたい――。

カリスマと呼ばれている経営者の本を読んだり、会ったりすることが僕は多いのですが、彼らには共通点があります。

それは強烈なキャラクターです。金儲けならこの人、不動産の売買ならこの人と、良きにつけ悪しきにつけ、世の中にその人のキャラクターが行きわたっています。

彼の名前が出ると、人々の脳裏には彼のイメージが浮かぶ。そんな強烈なキャラクターになれたのは、彼が「自分であろう」としたからです。

人は、理想の人物に憧れ、少しでもそこに近づこうとしますが、そのとき忘れていることがあります。自分ではない何者かになりたがっている、自分らしさを磨くことを忘れて他人になりたがっているということです。

人は、ないものねだりをすることで、自分を否定する方向に走っていきます。自分の個性、資質が、自分にとっていちばん価値が高いのにそれに気づかない。原石を持ちながら、磨こうとしないようなものです。

人は、自分の得意なこと、ずば抜けていること以外で、人に貢献することはできません。市場はそんなに甘くないのです。

自分には人より秀でているところなんてない、得意なことはないという人も、自分では気づいていないだけなのかもしれません。

他人から見たイメージと自己イメージが合致すると、そこからすごいパワーが出てきます。

ではどうしたら、この二つを合致させることができるのでしょうか。

日常生活で、自分がどのようなシチュエーションで頼りにされているかを注意深く観察することです。たとえばわが社には、ロックミュージックについて聞くならこの人、サッカーについてならこの人という人物が何人かいますが、自分はどんな部分なら人より秀でているのかに注意深くなってみましょう。

小さなことでもかまいません。むしろ自分では気づかない、ちょっとしたことのほうがいいのです。営業のやり方がうまい。企画なら任せて。こういう目につく部分では、誰もが力をつくします。評価されやすいからです。

けれど、ちょっとしたこと、たとえば字がきれい、きちんとあいさつする、人の表情の変化に敏感――こういう小さなことに力をつくす人はあまりいません。しかし小さな気配りは、営業や企画といった大きな歯車の潤滑油《じゅんかつゆ》とでもいうべきものです。

どんなに立派な歯車も潤滑油がなければ、いつかはぎくしゃくしてしまいます。動かなくなってしまいます。

あなたに気づいてもらいたいのは、「受け入れられたい自分の長所」ではありません。「すでに受け入れられている長所」です。

まず、自分らしさを見定めること。それは自分を強くもします。

人との究極の差別化があるとしたら、それは「自分であること」なのです。

そこから、すべての伝説は生まれるのです。

エピローグ

先日、月収十二万円の頃に住んでいた南阿佐ヶ谷のボロアパートを訪ねてきました。ひょっとしたらもうなくなっているかも、などと思っていましたが、九年前と変わらない狭い玄関、ひなびた裸電球、哀愁ただよう共同トイレがそのまま残っていて、とても嬉しく思いました。

僕は幼い頃から父の仕事場に出入りして、数多くの経営者の話を聞いてきましたが、みなさんが決まって話すのは、昔の苦労話です。こちらが聞けば話してくれますが、自分から成功体験を話す人は、ほとんどいなかったように記憶しています。

ではなぜ、成功者たちは苦労話ばかり話すのでしょうか？　おそらく、つらかった下積み時代は、終わってみれば、いちばん輝いていた時期だからです。

「苦労せずに儲ける」

「最小限の努力で最大の成果を手に入れる方法」

書店には、そんなタイトルの本が山ほど並んでいますが、それらには決定的に欠けている視点があります。そんな方法で手に入れた成功はつまらない、ということです。

誰もが充実した人生を望んでいるのに、つまらない方向に流されている。現在の社会を見ていると、どうもそんな気がしてならないのです。

ストーリーの世界では、感動できる話には二種類しかないと言われています。「穴に落ちるストーリー」と「穴から這《は》い上がるストーリー」のどちらかです。ほとんどの人が歩む人生は、穴から這い上がるストーリーです。このストーリーを面白いものにするためには、穴を思いっきり深くし、そこでもがくしかないのです。

もしあなたが、本書で述べた「伝説の社員になる」方法を正しく実践すれば、年収と充実した人生、両方を手に入れることができます。

それが実現できたら、ぜひ僕と一緒に祝杯をあげましょう。

人生のすばらしさは、それが一回だけしか許されていないことにあります。

一回だけの、自分だけの人生。

それを充実したものにするためにも、ぜひ本書をヒントに、実行に移してください。

あなたの成功を心からお祈りしています。

二〇〇七年春

土井英司

謝辞

今回、二年ぶりに書籍を出すにあたって、たくさんの方からご協力いただきました。なかなか動かない僕をふるい立たせてくれた弊社出版プロデューサーの芝蘭友《しらんゆう》、編集を引き受けてくれた青木由美子さん、草思社の当間里江子さんには、本当にお世話になりました。ありがとうございます。

そして、僕のメルマガ「ビジネスブックマラソン」を読んでくれている一万七千人の読者のみなさん。みなさんのはげましのおかげで、なんとか二冊目も無事に出すことができました。本当にありがとうございます。

そして最後に、本書を読んでくださった読者のみなさん。みなさんのおかげで、僕の若い頃の記憶を思い起こし、仕事への気持ちを新たにすることができました。本当に感謝しています。

みなさんの仕事と人生がこの本をきっかけに上向くよう、心からお祈りしています。

次は、メルマガもしくはセミナーでお会いしましょう。

エリエス・ブック・コンサルティング　ホームページ　http://eliesbook.co.jp

参考文献

『ケアの本質』ミルトン・メイヤロフ　ゆみる出版
『ビジネスマンの父より息子への30通の手紙』キングスレイ・ウォード　新潮社
『「超」納税法』野口悠紀雄　新潮社
『相場師一代』是川銀蔵　小学館
『古代への情熱』ハインリヒ・シュリーマン　岩波書店
『一勝九敗』柳井正　新潮社
『ある広告人の告白』デイヴィッド・オグルヴィ　海と月社
『小倉昌男 経営学』小倉昌男　日経ＢＰ社
『一攫千金』安田久　講談社
『金持ち父さん 貧乏父さん』ロバート・キヨサキ　筑摩書房
『ドラッカー入門』上田惇生　ダイヤモンド社
『東京タワー』リリー・フランキー　扶桑社
『毎月10万円は夢じゃない！「株」で３０００万円儲けた私の方法』山本有花　ダイヤモンド社
『ユダヤ人大富豪の教え』本田健　大和書房
『ザ・メッセージ ６巻セット（ＤＶＤ）第５巻　塚本幸一（ワコール）』日経ＢＰ社
『経営に終わりはない』藤沢武夫　文藝春秋
『成功読書術』土井英司　ゴマブックス

土井英司（どい・えいじ）
1974年、秋田県生まれ。慶應義塾大学総合政策学部でマーケティングを専攻。学生時代にはギリシアに留学。大学卒業後は、ゲーム会社を経て、編集者・取材記者・ライターとして修行。編集プロダクション、日経ホーム出版社を経て、2000年にAmazon.co.jp立ち上げに参画。エディター・バイヤーとしてビジネス書、語学書、コンピュータ書の担当を務める。2001年、同社のCompany Awardを受賞。ビジネス・実用書の「陰の仕掛け人」として、数多くのベストセラーのきっかけを作った。
現在は、出版コンサルタントとして、ビジネス書の著者・編集者に対するアドバイス業務を展開。
書評家としても活躍中で、読売新聞読書面「ビジネス道場」でも2007年4月から連載を担当。ほかにも雑誌『アントレ』や『商業界』、『アスキービジネス』で書評を担当するほか、自らのメルマガ「ビジネスブックマラソン」でも毎日1万7000人の読者にビジネス書の情報を届けている。出版や自己表現に関するセミナーも好評で、特に年2回行われる「最強の自分マーケティング」は、毎回満員御礼。著書に『成功読書術』がある。

有限会社エリエス・ブック・コンサルティング　http://eliesbook.co.jp

「伝説の社員」になれ！

2007年4月25日　第1刷発行

著　者　土井英司
発行者　木谷東男
発行所　株式会社　草思社
〒151-0051　東京都渋谷区千駄ヶ谷2-33-8
電話　営業03(3470)6565　編集03(3470)6566
振替　00170-9-23552
印　刷　錦明印刷株式会社
製　本　株式会社坂田製本

ISBN978-4-7942-1585-7　Printed in Japan